30の名著とたどる
リーダー論の3000年史

鈴木博毅

nbb
日経ビジネス人文庫

はじめに

本書は、古典や現代の一流のトップによる著作から、リーダーシップのエッセンスを学ぶ本です。

取り上げた中で最も古い書籍は、紀元前8世紀頃に成立した『イリアス』。新しいところでは著名なリーダーシップ本や一流経営者の著作も分析し、リーダーシップの本質を学んでいきます。

なぜ、古今東西の多くの書籍を紐解く必要があるのか。理由は、現代のリーダーが直面している問題が、急速に多面的になっているからです。

平和で順調な時代には、型通りのリーダーの役割を果たせば問題ありませんでした。しかし困難な時代には、リーダーに複数の課題や難題が持ち込まれます。乗り越えるべき山の形が変わり、問題も違った風景になるのです。

過去40年の日本経済の動向を振り返っても、順風期と逆風期がありました。

会社の方針通りに仕事を行えばよかった時代もあるでしょう。競合他社とのシェア争いが、最大にして唯一の課題だった時代もあるはずです。

しかし現代は、競合他社が潰れる時代です。さらに、モノを作るだけでは売れず、会社をどうやって新たな時代に適合させるかが焦点となっています。

新製品を作るよりも、業界の垣根を越えるほうが儲かることさえあります。

企業にとって、まったく新しいリーダーシップが必要な時代がやってくるかもしれません。日本のリーダーはこのような難しい時代に直面しながら、成果を強く期待されているのです。舵《かじ》取りが難しく、混沌としたこの時代には、リーダーシップの既成概念をいったん取り払い、より本質を見つめる必要があります。

そのため、リーダーが果たす役割・機能の全体を俯瞰《ふかん》することも重要な目標の一つとして、本書は分析と解説を進めていきます。

リーダーが輝くのは、集団が危機や問題に直面したとき

歴史上、あるいは現代ビジネスでリーダーが輝きを発するのはどんなときか。

それはずばり、集団が何らかの危機に直面したときです。集団が危機に瀕《ひん》したとき、打開してくれるリーダーこそがひかり輝くのです。

そのような実力を発揮した人には、誰もがついていきたいと願います。

困難やある種の問題は、解決できる人にとっては出世の階段の一つです。特別な一段を踏みしめることで、より高みを目指して登り続けることができるのです。

本書で解説する30の書籍は、困難を打破し、問題を解決した人の物語です。優れたリーダーは、困難な局面に、勇躍して挑戦していきます。「突破できれば、これは大きなチャンスだ！」と考える姿勢が重要なのです。

そのためにも、可能な限り広く問題を知っておくことが有効です。リーダーが直面する問題を、多くの種類にわたって理解しておくのです。

あらゆる困難はリーダーにとって大きなチャンスです。あなたがその問題を解決できるならば、です。

あらゆる組織は、人によって動かされている現実

どのような集団でも、必ず人によって動かされています。その意味で、リーダーシップは「人に関する戦略思考」と言えるかもしれません。

「人に関する戦略思考」には、リーダーという立場そのものへの洞察も含まれています。

リーダーとしてのあるべき姿を理解し、自分なりに規律を作り上げていくことは、何を

優先しどんな方向を目指すのかを周囲に示し、成果を上げていくために必要なことだからです。

一方で、「人に関する戦略思考」には、成果の上がりやすい仕組みを作り上げるという視点も不可欠です。

人は組織という枠組みに大きな影響を受けます。同時に、人間はロボットのようには動きません。そのためリーダーには、合理的思考をしつつ人の感情や意欲の源泉を知るという、２つの方向性を持った実務能力も重要になってきます。

つまり、リーダーは「自分という人」をリーダーに育て上げ、「周囲という人」を理解しながら、壁を突破し、時に大胆な飛躍を目指して周囲を鼓舞しなければならない難しい立場にあるのです。

人によって動かされている組織で、最も重要な存在の一人がリーダーなのです。

優れたリーダーが持っている、価値観や視点の正体

リーダーは、人間としての自分自身を知ることも必要でしょう。

そのために、本書では偉大な成果を上げたリーダーたちの価値観や視点も含めました。

実績を上げたリーダーたちは、どんな価値観を持っていたのか。彼らはどんな点を重視し、どのようにして自己研鑽をし続けたのか。

歴史的な名著や、長期間にわたり世界中のリーダーから支持された書籍を分析しているのは、それを知るためです。

英雄叙事詩の主人公や、アンデスの雪山での遭難から奇跡の生還を遂げた若者、第二次世界大戦で最も難しい役割を見事に果たしたウィンストン・チャーチルなど、彼らは重圧の中で、冷静かつ、果敢な決断をして窮地を脱しました。

現代のビジネスリーダーは戦場や遭難事故で指揮を執ることはありません。

しかしそのような状況で、リーダーが何を成し遂げたかを知ることは、リーダーの根本的な存在意義や、何が真に求められるのかを私たちに教えてくれます。

極限の場でこそ、リーダーの本質がより浮き彫りにされるからです。

優れたリーダーの活動、葛藤や価値観を知ることには大きな学びがあるのです。

リーダーに期待される変革ができる人になってください

すべてのリーダーには、ある種の管理能力が必要です。

組織や集団が成果を出すために、何らかの規律がやはり必要になるからです。

しかし、単なる管理業務を超えた活動・役割が求められているのが現代です。

時代の変化、人口動態の変化などで、ビジネスの革新を余儀なくされる日本企業が、ますます増えると考えられるからです。このような環境の中で「リーダーの役割」「リーダーの段階的なレベルアップ」「視野の広い問題解決」などを学び、実践力を拡大していくことには、大きな成果が期待できます。

リーダーの役割をより創造的なものに変更できる企業が大きく飛躍し、それができない企業は次第に衰退していく可能性さえあるのです。

真のリーダーは何ができるのか、どこまでのことを達成可能なのか。

リーダーとしての視野の広さは、この時代に間違いなく武器となります。

リーダーの道を歩んでいる読者の皆さんに、リーダーシップの価値とその威力に改めて気づいていただくことが、本書の最大の目標なのです。

30の名著とたどる リーダー論の3000年史

目 次

第2章 古代ローマの古典

第3章 中国の古典

第4章 近世の名著

第5章 近代の名著

第6章 産業革命後のマネジメント書

第7章 20・21世紀の経営書

第8章 名経営者のマネジメント書

第9章 20・21世紀の政治家のリーダー論

終章 極限状態で問われるリーダーシップ

序章

なぜリーダーシップは進化を続けたのか？

歴史に欠かせないリーダーシップという能力

歴史に欠かせないものがあるとしたら、卓越したリーダーの存在でしょう。古代ギリシャ、古代中国の時代から、集団競争の先頭に立つ人物があり、その人物の優劣で集団の繁栄と悲劇が決まったからです。太古から地球上でさまざまな集団が覇権を競い、小さな地域でも優れたリーダーの登場は常に待望されていたはずです。

本書は古代の歴史的なリーダー書から、中世と近代を経て、現代ビジネスにおけるリーダーシップの名著もとりあげていますが、残された数多くのリーダーの知恵から、リーダーシップは時代とともに変化、進化を続けていることがわかります。

古くは、呪術や神託などが人を動かす起点になった時代がありました。しかし時代が進むと、次第に合理性と知性を指導原理に取り入れたリーダーが勝利を収めるようになっていきます（呪術的な思考からの卒業）。

なぜ、リーダーシップは現在も進化を続けるのか。それは、優れたリーダーの事績から、一部の欠点が見つかったり、広く認識された従来のリーダーシップを覆す、新しいリーダー像が出現するからです。英雄叙事詩『イリアス』『オデュッセイア』を残した古代ギリシャの詩人ホメロス。彼の書籍を枕元に置いて寝たアレクサンダー大王は、戦争上手であり、個人としても部下を惹きつける抜群のリーダーシップを持っていました。

大王は、『イリアス』ではトロイア戦争の英雄たちから戦闘のリーダーシップを学び、『オデュッセイア』から孤独な王という一人の人間としての自己研鑽を学んだのでしょう。結果、アレクサンダー大王はペルシャ帝国を滅ぼし、空前の領土を持つ帝国を手に入れることができました。

しかしアレクサンダー大王が若くして病死（32歳、紀元前323年）したのち、彼の帝国は分裂して早期に崩壊しました。大王が、「最も強い者が帝国を受け継ぐべし」と遺言したことで、遺された者たちによる権力争いが起こったからです。大王の帝国の末路は、個人的な資質のみによる成功では、次世代に継承できないことを示唆しています。

帝王たちの短命政権の失敗を歴史から顧みることで、ローマのアウレリウス帝の『自省録』などの自己修養的な要素を持つ帝王学が生まれたのではないでしょうか。質素ながら本質を洞察するアウレリウス帝の思想には、帝国を「継承できる存在」にしようとする意図が見えるのです。

同じ要素は、唐の大繁栄時代を創り上げた太宗の問答集『貞観政要』にも見える特徴です。三国時代を創った魏の曹操を、太宗が嫌った逸話が残されています。理由は、曹操が権謀術数に長けて、人格や徳がなくとも、才能だけで人材を抜擢したからです。その結果、権謀術数の果てに、曹操のあとを継いだ者たちは短期に命を落とし、政権も司馬一族に奪われました。太宗には魏の短期滅亡という故事を避ける想いがあったのでしょう。こうしてみると、古きリーダーシップの失敗は、リーダーシップの新しい潮流を生み出す起源になっていることがわかります。

個人の資質から、優れた仕組みを継承する流れに

個人の資質から、優れた仕組みの継承へ移行する流れも古代に見えます。世界最古の戦略書といわれる『孫子の兵法』。この書は、紀元前500年代に中国の呉で活躍した孫武

が書き残したと言われます。孫武は呉における戦闘指揮で卓越した能力を発揮しますが、孫武が第一線を退いたのちに、国としての呉は、范蠡という権謀術数に優れた家臣を持つ越に滅ぼされています。

呉を滅ぼした越は、やがて強国の楚により倒されます。しかしその強国楚は、商鞅の変法で富国強兵策に成功した秦に敗れて、秦の始皇帝により初めて中国が統一されます。楚は強国になる過程で、多くの優れた人材を採用しました。しかし、個々の人材の優越性よりも、国全体を統率する秦の法の優越性のほうが、最後の勝負では強かったのです。

個人の資質から、優れた仕組みの継承へという流れは、現代ビジネス書のベストセラーである『ビジョナリー・カンパニー』にも見えます。本書はカリスマ的経営者を否定し、そのような人物がいなくとも、永続する企業が成立することを指摘しているからです。

●王権神授説VS大衆の力の拡大

「王権神授説」とは、国王の権威が神から与えられた天与のものであり、神以外の何人も冒すことができないという政治思想、概念です。この「王権神授説」を信奉していた代表的な人物にフランスのルイ14世がいます。しかしルイ14世の死（1715年）ののち、100年もたたずにフランス革命（1789年）が起こり、国王ルイ16世は処刑され、貴族はフランス国外に脱出します。

多くの将軍職を得ていた貴族の海外流出は、フランスの軍事的な崩壊を予想させました。しかし予想に反して、下級貴族や庶民の出身ながら、戦争に実際に成果を見せた者を抜擢した結果、欧州を席巻する最強のフランス陸軍とナポレオンが台頭します。ナポレオンの幕僚の多くは、フランス革命後の祖国防衛戦争で活躍して手腕を認められた若い人材だったのです。肩書や家柄ではなく、能力自体での人事が成功を収めた瞬間でした。

フランス革命での歴史的な出来事は、硬直的な組織で、長く特定の役割を務めた人物や古い組織構造が、新しい時代に必ずしもベストではないことを示唆します。フランス革命という事件を契機に、人材を抜擢する基準が変わり、新しいタイプの人物たちがリーダーとなっていったのです。

一部の特権階級ではなく、庶民全体の底上げと抜擢から集団の力を次の高みへ導く思想は、フランス革命の威力を体験したフィヒテの講演『ドイツ国民に告ぐ』にも見られます。彼はドイツ民族を再興するために、優れた国民教育の必要性を訴えているからです。

多くの人の力を、発揮させた者が勝者になる

リーダーを特別な個人とするか、集団の中に属する誰でも可能なものにするか。これは個の力を最大限引き延ばすか、集団全体を推進力にするかという意味で、思想的に大きな違いになります。カリスマ的なリーダー個人か、集団の集合知を徹底活用するかという視点でもあります。

ビジネス界におけるリーダーシップは、成功例を起点にして議論されることで、カリスマ的な個人リーダーと、集団的な推進力は対比されることも多いものです。しかし集団としての組織の中にも、多数の小さなリーダーシップが存在していることを考えると、２つの違いは、リーダーシップをどの局面で観ているかの違いに過ぎないのかもしれません。

●危機や変化とリーダーの特別な関係

歴史的に、危機や巨大な変化と、リーダーシップは特別な関係があります。構造上、個人としてのリーダーは、組織や集団のような大きな存在に比較して、危機を切り抜けるための新しい視点をより素早く獲得することがほとんどだからです。

どんなに優れた組織でも、ほとんどの場合は過去もしくは昨日の現実に最適化されています。そのため、組織がもっとも効率的に動くのは、昨日と同じ今日が展開される場合なのです。組織が現状に違和感を持つのも、個々の人物の個人的な感覚が集合的なアラートに変換された時点であり、組織全体の意思決定が、鋭敏な個人に先立つことはありません。

だからこそ、危機の際に真のリーダーシップが際立ち、本当のリーダーが誰であったかを認識させてくれるのです。この視点は、激動の時代を生きる現代の私たちにとって重要な意味を持ちます。誰もが、新時代を創るリーダーの役割を意識する世界になっているからです。

巨大な変化が避けられないのであれば、私たち自身が優れたリーダーになる準備が必要です。本書で解説するリーダーシップの名著が、皆様の未来をより良く変える英知となることを心から願っています。

第1章

古代ギリシャの古典

古代に突出して優れたリーダーは「英雄」と呼ばれました。英雄とは、優れたリーダーが危機に立ち向かい、それを乗り越えた姿といえます。英雄たちは古代の歴史を創り上げた起点となった人物であり、神話の時代から残された英雄譚を現在も私たちは読むことができます。古代のリーダーの活躍を映し出す古典・名著は、英雄たちの偉業さえも、たった一人の人間の精神から始まることを教えてくれます。本章は、不屈の意志を持つ人間の偉大さを示す英知を集めました。

ギリシャ世界の古典として『イリアス』『オデュッセイア』は、リーダーのための書籍でありながら、教養としても極めて幅広く読まれています。そこにあるのは、組織の危機、個人の危機を、一人のリーダーがいかに乗り越えたかの壮大な物語です。

すべての偉大な物語の起点は、常に一人の人間です。膨大な歴史はすべて、人間の営みそのものだからです。乗り越えるべき課題にあふれている現代において、古典の英知は私たちにいろいろな示唆を与えてくれます。たった一人の人間である自分が、迫りくる危機に立ち向かうためにリーダーになり、乗り越える力を高めるために克己心を育てていく。いつの時代にも共通する、生き方の極意が語られているのです。

01 『イリアス』『オデュッセイア』(ホメロス)

前800年頃

吟遊詩人

言葉と行動で全軍を奮い立たせ、勝利を手に入れる

約2800年前に成立した2つの歴史叙事詩。あらゆる時代にリーダーたちが手本とした西洋を代表する英雄像。リーダーシップの基本を最古の歴史叙事詩から学びます。

紀元前8世紀に書かれた英雄の物語

英雄叙事詩『イリアス』『オデュッセイア』は、歴史上最も長く読み継がれてきた書物です。成立は紀元前8世紀頃、古代ギリシャの吟遊詩人ホメロスの作と言われます。『イリアス』は紀元前12世紀以前に起こったとされるトロイア戦争を描き、『オデュッセイア』はトロイア戦争後に、ギリシャ諸国の王の一人オデュッセウスが領土であるイタケに帰還するまでの10年間にわたる苦難の道のりを描いています。

2つの歴史叙事詩は、紀元前4世紀に大帝国を築いたアレクサンダー大王が、自ら戦略の教科書としていたことでも有名です。また19世紀にはドイツの実業家シュリーマンがトロイア戦争を事実だと考えて発掘を行ったことでも知られています（シュリーマンは遺跡を発見したが、トロイア遺跡であるかは議論が分かれている）。

これらの叙事詩には、ギリシャの神々が登場して人々に加勢したり、罰を与えたりします。全能の神ゼウスの命により、様々な神が人間に入れ知恵をしたり、惑わしたりさえするのです。ある意味で、当時の人々は人生に降りかかる運命や不思議な偶然、ふとした瞬間のひらめきを、神々の導きだと考えていたのでしょう。

●英雄アキレウスの活躍とトロイアの滅亡

『イリアス』の始まりは、トロイアの王子パリスが、スパルタ王メネラオスの妻であるヘレネを奪って自国（トロイア）に逃げたことでした。ギリシャ世界が侮辱を受けたとして、各国の王が集まり、アガメムノンを総大将として遠征。しかし高い城壁に囲まれたトロイア城は陥落せず、10年もの間、ギリシャ連合軍はトロイア城を包囲します。

その間、ギリシャ軍の総大将アガメムノンと、勇者アキレウスが内輪もめを始めてしまい、アガメムノンがその権力で、アキレウスの女奴隷を強引に奪います。

ギリシャ最強の戦士アキレウスは、その屈辱と怒りで戦いを放棄してしまうのです。

「この馬鹿《ばか》者が軽々しくもしりぞけたアキレウスの助力を、ギリシア人たちが大声をあげて呼び求める日がくるであろう。プリアモスの息子、あのしりぞくことを知らぬヘクトルの剣のもとで、たといわが軍の兵士が全員戦死したとて、貴殿がわしに加えようとした侮辱を忘れはしないであろうぞ」（『ホメロス物語』G・シャンドン、有田潤訳、白水社より）

ヘクトルはトロイアの英雄にして王子であり、メネラオスの妻を奪って逃げたパリスの兄でした。アキレウスが離脱したギリシャ軍は、ヘクトルの勇戦により敗北寸前まで追い詰められます。アガメムノンはアキレウスに謝罪の使者を遣わすも、アキレウスは和解を拒否。しかし、親友のパトロクロスがヘクトルに殺されるにおよび、アキレウスも怒りを爆発させてヘクトルを討ち取ります。

アキレウスは敵をさんざんに打ち破るも、唯一の弱点である踵《かかと》を射抜かれて戦死。戦争はギリシャ勢の勝利、トロイアの滅亡に終わるも、数多くの英雄がこの世を去ることになったのです。

●オデュッセウスという英雄の帰還物語

トロイア戦争は、有名な「トロイの木馬」で勝負が決まりました。

ギリシャ軍は、海岸に大きな木馬を残して去りますが、トロイア軍がその木馬を戦利品として城内に引き入れたことで、木馬の腹の中に隠れていたギリシャの戦士たちを城内に入れてしまったからです。闇夜に紛《まぎ》れてギリシャの戦士は城内に火をつけ、トロイア城は陥落しました。

このトロイの木馬の策略を生んだのは、ギリシャ随一の智将オデュッセウスでした。しかし彼はトロイア戦争の勝利後、自らの王国イタケに戻るまで10年の歳月を要し、幾多の苦難を経験します。

一方、オデュッセウスの王国イタケでは、美しい妻のペネロペイアが国の権力者たちから求婚され、権力者の暴力で王の財産が日々奪われていました。オデュッセウスの息子テレマコスも、屈辱に怒りながらもただ父王を待つばかりの日々を送っていたのです。

オデュッセウスの帰国への祈りを聞き入れた女神アテナは、人間の旅行者の姿に変化して、英雄の息子テレマコスに次のように忠告します。

「『若いオレステスが父の暗殺者を殺したことをおもいだして、あのように勇敢になることだ。君がみずから行なうことが君の運命になるのです（中略）』。

テレマコスは、この親愛のこもった忠告のなかに、それとなく非難がこめられているのをおもって赤面した。じっさい彼は、自分の自負心が命じるとおりには行動していなかったのを感じた。英雄の息子《むすこ》である彼なのに、まるで憶病な子供のようにふるまっていたのだ」（同書より）

テレマコスは決意を固め、トロイアに父王と遠征した王たちを訪ねる旅に出発します。

一方のオデュッセウスは、一つ眼の巨人キュクロプスと戦い、美しく妖艶な魔女キルケに仲間が豚にされてしまい、予言を得るために冥府を訪れ、セイレンの歌声に悩まされながら旅を続け、妖精の力で島に監禁されます。解放されると、パイアケス人の姫ナウシカアなどに助けられて帰国の準備を整えます。

オデュッセウスの仲間は、最終的に全員海に飲み込まれ、禁忌《きんき》を犯さなかったオデュッセウスだけが故国に辿り着きます。彼は旅から戻った息子テレマコスと再会し、自らの宮殿に巣食っていた不遜な権力者たちを強弓《ごうきゅう》で皆殺しにして物語は幕を閉じます。

アレクサンダー大王が戦場でも枕元に置いた理由

紀元前8世紀から読み継がれる2つの物語を、単なる文学と捉《とら》えることもできます。しかし2つの物語は「部隊の統率」「人間の意志の力」の教訓とも理解できるのです。

ヘクトルの妻アンドロマケは、戦闘への不安と、夫の命の危機を感じて懇願します。城内で戦うべきで、何もあなたが先陣を切らなくても十分ではないかと。

「ヘクトルはこのすすめを聞いて微笑した。彼は、顔をあげた妻をやさしくだきしめた。『戦争というものはそう簡単にはいかぬのだ』と彼はいった。『もしも武将や貴族たちが模範を示さず、進んで危険に身をさらさなかったら、こんな恥ずべきことがあろうか？』」（同書より）

ギリシャ軍が絶体絶命になり、アガメムノンがアキレウスに謝罪し助力を乞うも、すげなく断られた時、絶望するアガメムノンを勇者ディオメデスが激励しました。

「朝にはまだ数時間ある。そのあいだ眠りにつこう。そして太陽が輝いたら、力も出るだろうし、気も落ちつこう。そうなったら、貴殿は戦士たちを集め、彼らを戦わせるのに必要な

言葉をみつけることもできよう」（同書より）

一進一退の苦しい戦いを続ける中で、互いに追い詰められ、兵士たちは弱気になり、戦況悪化で総崩れにもなりかけます。そこで戦士たちを踏み留まらせるのは、リーダーたる英雄たちの果敢な行動と勇気を奮い起こす言葉なのです。

アガメムノンは老将ネストルと相談し、夜襲をかけます。その夜襲に成功した時、ネストルは「ギリシアは、おまえたちのような子供をもつかぎり、負けることはないのじゃ。おまえらは、人間ではない、むしろ神々じゃ」（同書より）と叫びました。

アレクサンダー大王は、巨大帝国を築く遠征で何度も危機に直面しています。そのたびに、彼は自身の勇敢さと、兵士の気高い勇猛さを掻き立てる言葉や行動で全軍を奮い立たせて、勝利を手にしています。

大王は『イリアス』『オデュッセイア』の英雄を模範として大帝国を実現したのです。

リーダーはどうすれば強くなれるのか

『オデュッセイア』では一転して、トロイア軍との激しい戦闘はありません。故郷への気

英雄叙事詩に見るリーダーの統率力

・集団を率いる時のリーダー

(1) 自ら勇気と模範を示す
(2) 部下を奮い立たせる言葉と大義を生み出す
(3) 優れた部下を優遇してやる気にさせる人事が重要

・個人でいる時のリーダー

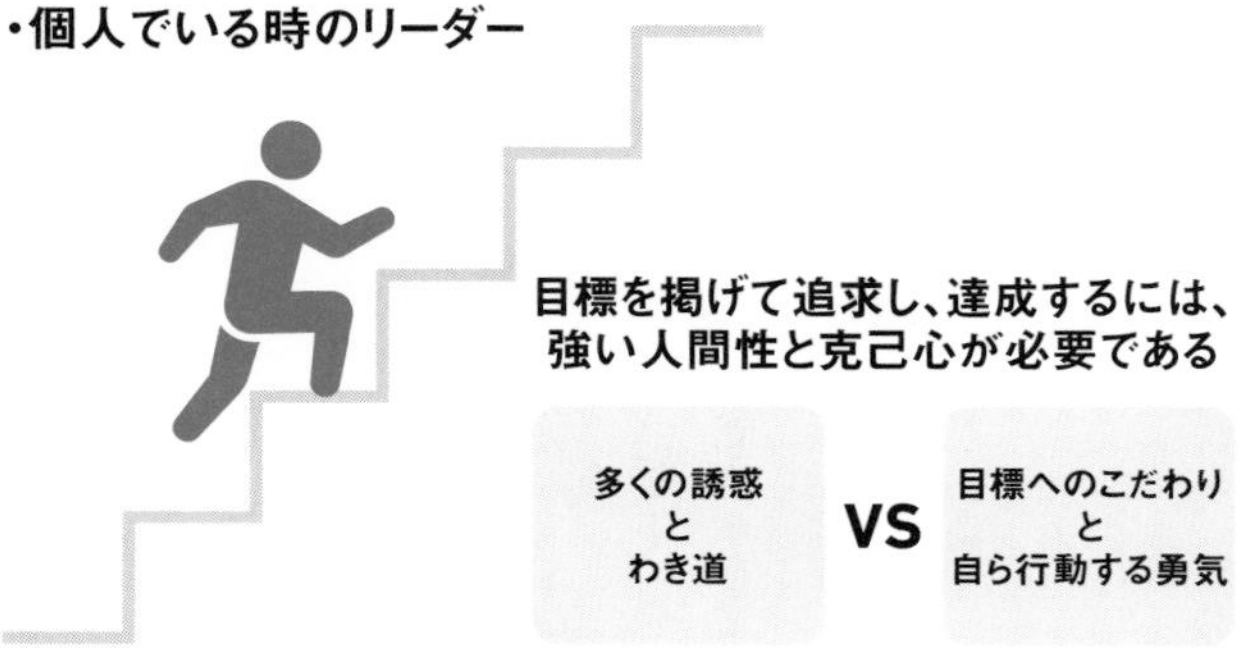
目標を掲げて追求し、達成するには、
強い人間性と克己心が必要である
多くの誘惑
と
わき道
VS
目標へのこだわり
と
自ら行動する勇気

の遠くなるような旅路を、苦難を乗り越えながら一人の王が歩みます。

そこには、人間が最終的な目標を忘れる姿が描かれています。オデュッセウスの部下たちが酒色を含めた甘美な誘惑で堕落し、禁忌を犯してしまったようにです。

あたかも「人間は弱い存在である、ではどうすれば強くなれるのか？」を読者に問いかけているかのようです。物語の中で、英雄オデュッセウスは幼き者、か弱い者の前で礼節を失わず、強い者、権力を持つ者の前で卑屈にならず勇敢に振る舞いました。

これこそが、リーダーが誇り高き心と精神の強さを持つ証明なのでしょう。

戦場には一種独特の緊張感と激しさがあります。そのため、その場にいる戦士は必死に戦わざるを得ないところがあります。しかし、戦場を離れると人は本来の素《す》の自分に戻り、戦いのない日常の中で、人間性と目標へのこだわりや克己心が試されるのです。

現代ならば『イリアス』は会社などでのビジネスシーン、『オデュッセイア』は家族や友人などと過ごすプライベートシーンだと考えることもできるでしょう。

2つの叙事詩が描き出す群像と栄枯盛衰の物語は、「リーダーとは何か」「人間の弱さと強さとは何か」を深く考えさせてくれます。それはあらゆる時代の人々の心を打ち、生きる上での大きな示唆と力を与えてきたのです。

ホメロス

紀元前8世紀頃の生まれ。古代ギリシャを代表する吟遊詩人。『イリアス』『オデュッセイア』他、いくつかの歴史叙事詩を残す。彼の作品は現代まであらゆる時代に読み継がれてきた。

02 『国家』（プラトン）

紀元前4世紀刊

哲学者

支配と統治を行う者は、どんな資質を持つべきなのか？

支配とは本来、どうあるべきか。支配者とはどんなことを行う人なのか。古代ローマの哲学者で、最高の知性の一人プラトンが説く、あるべき統治への議論。

古代最高の英知の一人が考える、最高の統治法

紀元前427年に生まれた古代ギリシャの哲学者のプラトン。彼は有名なソクラテスを師に持ち、多数の著作を残したことでも知られています。『国家』は彼の著作の中でも大きな割合を占め、書き手のプラトンがこのテーマに並々ならぬ情熱を傾けたことを示しています。

プラトンが28歳のとき、尊敬する師であるソクラテスは無実の罪をかぶせられて裁判ののち死刑を宣告され、毒により自ら命を絶つという悲劇が起きます。以後も彼は哲学を学びつつ各地を旅して、複数の学派に触れながら、自らの知を磨きました。

彼が生きた時代にも、政治的な腐敗は存在しており、市民生活の混乱や権力の数々の濫用など、国家と支配をめぐる問題は絶えることがありませんでした。

自らの知を磨きながらも、国家による支配の歪みを鋭く感じていたプラトン。彼が晩年に残した『国家』には、さまざまな問いかけにより支配と統治の問題点を明るみに出す英知があふれています。

●「正義」と「支配」の定義から始まる対話

問答で進む書籍『国家』は、まず「正義」と「支配」の定義から始まります。「正義とは？」と聞かれて、トラシュマコスという論敵が次のように答えました。

「では聞くがよい。私は主張する、《正義》とは強い者の利益にほかならないと。おや、なぜほめない？　さてはその気がないのだな？」（『ワイド版世界の大思想　第1期〈1〉プラトン』山本

光雄、田中美知太郎訳、河出書房新社より）

自分に有利なことを支配者が実現するため、支配者の利益になることを「正しいことだ」と、被支配者に宣言するからだとトラシュマコスは主張します。

しかしプラトンは、「報酬を得る」という点から反論をします。

技術者は、単に技術を持つのではなく、他人のために技術を使った場合にのみ報酬を得られます。ならば、支配的な地位に上るものが、支配的な地位だけで報酬を一切得られない場合、みなその立場を辞退するのはなぜか。

（支配的な立場を担う場合、報酬が必要とされるのはなぜか？）

被支配者側が現状の政治体制で支配者側に報酬を支払うのは、「被支配者側の利益になるように、支配者が行動する」のが原則だからだとプラトンは指摘します。

「およそどのような技術も、また支配も、自分のための利益をもたらすものではなく、先にわれわれが言っていたように、支配される側の者の利益をもたらし、またそのようなことを

命令するのである」（同書より）

この議論ならば、社長が一番高い報酬を得るのは、社員全員の利益を目指すからだ、と言えます。社長は働く社員の問題を解決して社員の幸福を追求するからこそ、支配的な立場で高い報酬を得ることができるのです。

現代政治で議員が高い報酬を得るのは、一般市民の問題を解決して、市民全体の利益と幸福を実現することがその原則であり、責務だからということです。

「支配の技術本来の任務に忠実であるかぎりは同様であって、逆にもっぱら被支配者のためになることをこそ、行ったり命じたりするのだから」（同書より）

支配の地位につく者には、金銭や名誉などの報酬が与えられ、逆に支配者の地位を拒む者には罰が与えられるべきだとプラトンは指摘します。

なぜ罰が与えられるのか？　との疑問に、プラトンは次のように答えます。

「罰の最大なるものは何かといえば、もし自分が支配することを拒んだ場合、自分より劣っ

た人間に支配されるということだ」（同書より）

プラトンの言説に従えば、悪政に悩む人は自らが政治家を目指す必要があり、会社組織における悪しきマネジメントに苦しむ社員は、自分の地位を上げていくべきだということになります。現在の支配者よりも優れているにも関わらず、支配者の地位に就くことを拒む者はこのような罰を受けているのです。

当たり前は、実は当たり前ではないと「疑う問答」

言葉や定義、物事の根本を辿ると、見えていなかった本来の姿が見えてくる。

プラトンの『国家』には、そのような哲学者ならではの議論が多くあります。

トラシュマコスという論敵が「正義とは強者の利益」と答えたことについて。

プラトンは「正義は徳であり知恵であり、不正は悪徳であり無知だ」と定義します。

盗賊でさえ、共同して何か悪事を働く場合、仲間同士で不正を働き合えば、目標達成はどんどん困難になるからです。

「不正はお互いのあいだに不和と憎しみと戦いをつくり出し、正義は協調と友愛をつくり出すものだからだ。そうだろう？」（同書より）

集団で何らかの成果を見事に上げるには、その集団の中にある種の正義が必要となる。それは協調と友愛を生み出して相互を助けるからだとプラトンは指摘します。

このように「正義とは？」「支配とは？」「支配者と被支配者の関係はどうあるべきか」などの、根本的なことをプラトンは深く洞察していきます。

現代の私たちは、このような重要なテーマに漠然と感じている概念を持っているだけです。ところが、プラトンの『国家』で展開される問答と議論は、この〝なんとなく〟の壁を乗り越えて、根源的な構造や原則に迫ろうとするのです。

論敵トラシュマコスの「正義とは強者の利益である」という主張が記されているのも、あえて思い切った仮定から始めて、私たちの認識への揺さぶりをかけているかのように思われるのです。

●国家を成立させる過程で、正義を浮かび上がらせる

プラトンと対話者たちは、「正義と不正」は個人でも国家でも同様に存在すると議論します。プラトンは、それならば国家の成立する様子を考察すれば、正義と不正の姿も明確になるのではと聴衆に語り掛けます。

「そもそも国家が成立するのは」とわたしは言った、「われわれひとりひとりでは必要なものを自給できず、多くのものを欠いているからなのだ」(同書より)

巨大な共同体である国家は、生活する人たちに多様なサービスを経験させます。食事一つとっても、自分が作る作物だけでは充足できません。そのため、国家に属する人たちは、自ら生産できることをお互いに分け合って、協力的に生活をしていく。

国家は拡大するに従い、資源などの獲得競争のため軍隊を必要とし始め、内側から支えるための国民教育も最重要の課題となってきます。建国の神話も、現在の政治支配体制に都合のよいものだけが残されて広く流布されていく。

プラトンはこの議論により、国家という大規模な存在を考察することで、統治者にふさわしい正義と、ふさわしくない不正とは何かを際立たせようとしていきます。

哲人王の必要性と、正義の追求

金銭と支配が結びつくと、腐敗が生まれるとプラトンは指摘する一方で、政治と哲学が真の意味で結びつくことで、最善の統治者が出現するのだとしました。

ここでの哲学とは、英知（真理）を愛する姿勢と考えることができます。

「哲学者たちが国々において王となって統治するか、あるいは現在王と呼ばれ権力者と呼ばれている人々が、真実にかつ十分に哲学するのでないかぎり、すなわち、政治的権力と哲学的精神とが一体化され」（同書より）

すなわち、哲人王が出現しない限り、国家という存在において不幸が止むことはないと指摘したのです。

「哲学者とは、つねに恒常不変のあり方を保つものに触れることのできる人々のことであり、他方、そうすることができずに、変転する雑多な事物のなかにさまようような人々は哲学者ではない」（同書より）

哲学者が、流転する現実の中で真の原則を見極めようとする人であり、支配や統治における正義が「被支配者の最善を図ること」ならば、哲人王が統治における正義を行うことが、国家という体制において最善の運営方法だとプラトンは提示したのです。

「国家と統治」「集団とリーダー」の関係に思いをめぐらす

プラトンの議論は、理路整然としていて納得させる指摘が多くあります。

一方で、国家や行政の単位に限れば、不正や犯罪の事件は現代でも後を絶ちません。一般市民には公的な正義を厳しく求める一方で、統治者や支配者が、自分たちだけに有利なルール（不正）を行うとき、歪みを正すことが難しいからでしょう。

プラトンの『国家』の問答は、さまざまな単語の意味やその構造、それぞれの立場で果たすべき役割を、ゼロに近いところから議論することに挑んでいます。そのため、広く自由な発想を読み手に許してくれる点が最大の魅力ではないでしょうか。

正義や不正、支配や被支配について私たちは、もっと疑問を持ち、もっと自由に想いを巡らすことができるのです。

リーダーは共同体を統治し、運営する意味である種の支配者であり、統治者です。では、集団を統治するとは、どんなことなのか。このような議論において、不変の真理を追求することが、リーダーシップをさらに進化させる新しい一歩となるのです。

プラトン
古代ギリシャの哲学者。ソクラテスに学び、アテネで学園アカデメイアを創立。普遍的な真の実在「イデア」を唱えた。

第2章

古代ローマの古典

本章は、いかに生きるべきかという永遠の問いへの洞察を集めました。『自省録』『人生の短さについて』は、有意義な人生を送るため、いかに生きるべきかの悩みに応えてくれます。時間が有限であることは、英雄も変わりません。リーダーもそうでない者も、誰もがまったく同じ条件なのです。

たった1度の人生を最善・最高のものにするため、私たちは全力を尽くして戦い、生き抜く必要があります。それは、人間の生における変わらない原則なのです。数千年前の英雄たちの歴史と、現代は違う部分が多いと考える人もいるかもしれません。しかし、あらゆる変化が人の意志から始まることは、数千年前の古代も、現代も未来も変わることはないでしょう。私たちが人間としての意志を保ち、それに誇りを持ち続ける限り、すべての変化も繁栄も、新しい時代への希望さえも、たった1人の人間の精神から始まるのです。

私たちは新しい一歩を踏み出す勇気を失ってはいけません。誰からどのような言葉を吹き込まれようとも、一人の人間に内在する偉大な力を忘れてはいけない。古代の英雄としてのリーダーの記録は、私たちに何より大切な「人間としての偉大さ」を教えてくれているのです。

03 『人生の短さについて』（セネカ）

1世紀刊

哲学者／政治家

時間という最大の資産を、些末で無意味なことに奪われるな

限りある時間、いつか終わる人生。リーダーは時間をどう管理すべきか。時間という最大の資産の使い方を、ローマの政治家・哲学者セネカはどう説いたのか。

●自然は、わたしたちに十分な時間をくれているのに

紀元前1年頃に生まれた政治家、哲学者のセネカ。彼の時代から、人間の人生が有限であること、時間の使い方が難しい問題であることは変わっていません。

死の間際になって、人生が尽きる直前になって人は時間の貴重さを痛感するのです。

「彼らは大声で叫ぶ。きちんと生きてこなかった自分が愚かだった。この病状をなんとか脱

したら、閑暇な生を送ろうと。そのときになって、彼らはようやく悟るのだ」（『人生の短さについて』中澤務訳、光文社より）

病を得て、残りの寿命がわずかしかないと知った時、泣きながら医者にすがりつく患者。よぼよぼの老人となり、わずかでも命を延ばしたいと祈願する者。

これらの光景は、時間と人生を正しく使ってこなかった者の哀れな姿なのだとセネカは、指摘しています。

人生があまりにも短いことを、多くの人が嘆いている

人生は、何かを成し遂げるには短すぎるのでしょうか？

セネカは、ローマ時代でも人生で与えられた時間が短いと人々が嘆いている現実を見て、次のように反論しています。

「われわれが手にしている時間は、決して短くはない。むしろ、われわれが、たくさんの時間を浪費しているのだ」（同書より）

欲望に溺れたり、怠惰にふけったり、重要ではない些事にあまりにも多くの時間を使ってしまう。周囲の人の目標や、周囲の人へおもねることに貴重な人生の時間を、その価値を知らずに注ぎ込んでしまう。

金銭を扱うときには倹約家になれる人でも、時間を使うとなると、とたんに浪費家になってしまう者があまりに多いとセネカは指摘します。

貴重な時間を、人はあまりにも無知に浪費しているのです。

「じっさい、ひとの生は十分に長い。そして、偉大な仕事をなしとげるに足る時間が、惜しみなく与えられているのである。ただし、それは、人生全体が有効に活用されるならの話だ」

（同書より）

いくら能力が高くとも、時間を浪費していれば意義ある人生を完成させることはできない。寄り道ばかり、欲に溺れ、他人に振り回され、重要でないことに時間を注ぎ込む。

その結果、人生の終わりの日を迎えたとき、何も成せなかったことを激しく嘆くことになるのです。

生き抜くことと、単に長く存在していることは違う

もう1つ、セネカが指摘する重要なことは、「単に存在することと、生き抜くことは違う」という点です。生き抜くとは、自らが成せる意義あることを、全力で成し遂げていくこと。本当に価値あることに、自分の時間すべてを注いで完成させることです。

セネカは、人生を船の航海になぞらえて次のように表現します。

「荒れ狂う風が四方八方から吹きつけ、同じところをくるくる引き回された。さて、どうだろう。あなたは、その人が長く航海していたとみなすだろうか。いな、その人は長く航海していたのではない。たんに長くふりまわされていただけなのだ」（同書より）

成長もせず、学びもせず、新たな挑戦もせず、たんに歳を重ねて老齢に至る。逸楽にふけり、怠惰に流され、自らの成せる本当に価値あることから目を背ける。それは、自らの欲望に振り回され続けているだけの人間だとセネカは指摘します。そのような人間は、長く存在しただけで、長く生きたことにはならないのです。

一方の生き抜くことは、最善の人生を完成させるため、すべての時間を意義あることに注ぎ込み、自らが成せる最大のことを成し遂げるために集中して生活することです。そのような者こそ、人生を長く生きた者であるとセネカは捉えたのです。

人生を長くする時間の使い方とは

セネカは、人生を長くする時間の使い方を語るとき、「未来・現在・過去」という3つの区分で説明しています。

「人生は、三つの時に分けられる。過去、現在と、未来だ。これらのうち、われわれが過ごしている現在は短く、過ごすであろう未来は不確かであり、過ごしてきた過去は確かである」

(同書より)

セネカはまず「未来に頼るな」と述べています。

未来の出来事は不確かなので、先延ばしによって、大切なことを「来年になったらやろう」などと計画すべきではない。あなたの計画通りに、来年という時間が与えられるか、来年が多忙でないかはわからないからです。

先延ばしばかりをして、大切なことに今日着手しない者は「未来を担保にして、今このときを奪い取られている」とセネカは言います。

そのような人は、運命しかわからない未来の時に計画して、自分が管理できる、どう使うかを決めることができる貴重な今日を怠惰に過ごしてしまうからです。

また現在においては、止まることのない時を捕まえるために、有効なことに素早く使うことを推奨しています。つねに流れているとは限らない奔流の水をくみ取るように、現在の時間を活用するには素早さが必要なのです。

過去についてセネカは2つのことを述べています。

1つは、過去の自分の行動を振り返ることで、効果的な改善を今日の人生にもたらすべきこと。ところが、多くの者は過去の自分の過ちを思い出す苦痛から逃げるため、過去の記憶を振り返らず、同じ失敗を繰り返していると指摘します。

2つ目は、過去の歴史で蓄積された英知に触れることで、自らの知性の時間的枠組みを極限まで広げることができるメリットを活用すべきこと。

過去の偉人、優れた哲学者たちと（書物を通じて）対話できる者は、過去という時を最大限に使いこなすことで、自分の人生を広げて長くできるのです。

もっとも大切なことに、時間のすべてを使え

人生というものを直視せず、時間の使い方と向き合えない者の人生は短く、不安に満ちているとセネカは言います。真に価値ある人生を彼らは築き上げることができないからです。

リーダーである人、リーダーとなる人は、自らの時間の使い方に、何よりも鋭敏でなければいけません。あらゆる人の人生は、時間の使い方で形作られるからです。

私たちはいま、真に価値ある問題に取り組んでいるでしょうか。真に価値ある創造に取り組んでいるでしょうか。何物にも代えがたい、あなたの貴重な資産である時間を使うにふさわしい対象を今日選んでいるでしょうか。

偉大なことを成し遂げるだけの時間は、万人に与えられているとセネカは言いました。偉人と愚か者の違いは、与えられた時間の使い方にこそあるのです。あなたにしか成し遂げられない大切なことを完遂するためにこそ、すべての時間を使うべきなのです。

セネカ

哲学者、政治家。ストア哲学を発展させた。ネロの私教師となったが、のち反逆の疑いで、自決。

04 『自省録』（マルクス・アウレリウス）

2世紀刊

ローマ皇帝

心の静寂を作り、多難でも正しい判断を下す

紀元2世紀から読み継がれる『自省録』。いくつもの角度から「人生とは何か」「どんなことが真に大切か」を語り続け、読む人の心に清浄さを取り戻させてきた名著に学びます。

リーダーを堕落から遠ざけた、哲学の力

マルクス・アウレリウスは紀元121年に生まれ、161年にローマの共同皇帝、169年には単独皇帝となった人物です。

先帝15代皇帝の義理の甥《おい》であり、上流階級の子息として不自由ない幼年期を送ります。同時に家庭の教育として、優雅な生活に堕落しないため、敬虔さや質素さを大切なものとして躾《しつ》けられます。

やがて伯父が皇帝となると、自らも17歳で副帝（後継者）となり、のちに皇帝の娘（従妹）と結婚します。若くしてそのような栄華極まる地位にありながら、自らを見失わないために彼が学び、その教えを尊重したのがストア派哲学でした。

紀元前3世紀に生まれたストア派哲学は、自らの運命を受け入れながら、強い克己心で精神の静寂を実現するための思想であり、賢者は衝動的な感情に苛《さいな》まれず自由であるとしています。

アウレリウスの『自省録』には、人の人生は有限であり、宇宙から見るとあっという間に終わることが何度も語られています。あなたを悩ます隣人や、現世で受けた毀誉褒貶《きよほうへん》もやがて消え去るものであり、限られた貴重な人生の時間に、些末《さまつ》なことに自らを悩ますことは愚かではないかと語りかけます。

この世に生を受けた一人の人間として、自らの出来事に集中し、与えられた運命を愛すること。アウレリウスの『自省録』には、日々を丁寧に生きるための言葉が溢れており、時代を超えて多くの人間に愛読されてきた実践の哲学書であることがわかります。

●地位の高さ、多忙さ、困苦にも自分を見失わない

アウレリウス帝は、幼い頃からローマ皇帝に近い人物として育ちました。ハドリアヌス帝に認められ、高い評価を得ていたからです。

一方で彼が皇帝になった時代は、必ずしもローマ帝国は盤石《ばんじゃく》の態勢ではなく、伯父であるアントニヌス帝が死去したのち、161年頃からは対外戦争の指揮、国家の重大な決断を下す難しい場面に何度も遭遇していきます。

パルティア国との戦争では、初期に優秀な将軍率いるローマ軍が敗北しており、アウレリウスは帝国各地から大軍を動員して反撃を進めます。パルティア戦争は数年でひとまず終結するも、162年頃から続く北方異民族との戦争にもアウレリウスは対処しなければなりませんでした。敵であるマルコマンニ王は戦争に長《た》け、出陣したアウレリウスは手痛い敗北を喫したのちに反撃するも、その後の出征で病没します（享年59歳）。

若い頃から帝位につながる地位にいて、不自由なく豪勢に暮らすこともできる貴族ながら、ストア派哲学により質素な生活を貫いたアウレリウス。

彼はその生活態度から庶民に人気があり、帝位についてからの戦乱のさなかにも、自らの精神に静けさと敬虔さを保持し続けました。権威・権力や安逸な生活に溺《おぼ》れて自らを見

失うようなことはなく、戦乱と困苦の連続にも耐える強靭な精神を養っていたのです。

●人生はすべて束の間の出来事、だから正しく生きよ

『自省録』の根本は、大局的な視点から人生を眺めることです。
人の人生には様々な望まざることが起こります。しかしその望まざることにどう反応するかは、人生の主人公である私たちに選択が託されており、私たちの反応は、出来事がどのような結末につながるかも左右します。

「『なんて私は運が悪いんだろう、こんな目にあうとは！』否、その反対だ、むしろ『なんて私は運がいいのだろう。なぜならばこんなことに出会っても、私はなお悲しみもせず、現在におしつぶされもせず、未来を恐れもしていない』である」（第4章）

「もっともよい復讐の方法は自分まで同じような行為をしないことだ」（第6章）

「遠からず君はあらゆるものを忘れ、遠からずあらゆるものは君を忘れてしまうであろう」

（第7章）（ともに『自省録』神谷美恵子訳、岩波文庫より）

不運な出来事が起こる確率は、注意してもやはりゼロにはできません。一方で私たちは、誰かから不愉快なことをされても、やり返さず自らを律することも可能です。それは弱さではなく強さ（そして精神の自由）の証明なのです。相手や相手のした不愉快な行為に自分自身を拘束させない、精神の自由を確立した者の生き方なのです。

このような生き方は、外部に起きた不運や不幸を私たちの中に忍び込ませないのです。現実の社会で指揮をとるリーダーは、理由もなき非難や偶然が与える不運に突き当たることもあります。目先の損得などの小さなことに躓《つまず》くことを避け、リーダーが正しい判断を下すことを『自省録』は助けてくれるのです。

今行うべきことに集中し、他者や雑多なことに惑わされるな

多忙なリーダーには様々なことが同時進行で起こります。緊急を要する決断や、波が岩を浸食するように次第に悪化する問題もあるでしょう。哲人皇帝は『自省録』の中で、そのようなときでもあなたの精神を、今現在に集中すべきだと勧めます。

「未来のことで心を悩ますな。必要ならば君は今現在のことに用いているのと同じ理性をたずさえて未来のことに立ち向うであろう」(第7章)

「君がなにか外的の理由で苦しむとすれば、君を悩ますのはそのこと自体ではなくて、それに関する君の判断なのだ。ところがその判断は君の考え一つでたちまち抹殺してしまうことができる」(第8章)(ともに同書より)

まだ出現していない未来をあまりに思い煩《わずら》うよりも、目の前にある仕事や行うべきことに集中する。人生は一つひとつの物事の積み重ねなのだから、多忙の中でも今に集中することが、結果として良い未来を創り上げるのです。

逆に未来を心配するあまり、現在の仕事が手につかなければ、完成度の低い仕事を積み重ねてしまい、未来にマイナスの影響を及ぼしてしまうでしょう。

人の人生には本当は重要でないことも多くあります。他者からの非難や評価、自分以外の者に起こった出来事などです。他人のことが気になるばかりに、自分の日々の生活を充実させることが疎《おろそ》かになれば、それは人生を大切にしているとは言えないのです。

●強いリーダーの力「嵐の中でも自分の精神に立ち返る」

『自省録』は、あなたを褒めた人も、あなたを非難し、けなした人も、やがては時間とともに消え去る儚《はかな》いものだと語ります。その上で、死後の名誉・名声など当てにならないものにすがるのも止《や》めるべきだと勧めます。

すべてが消えてしまうとしたら、有限の人生を与えられた一個の人間として、どう生きるべきなのか。何が本当に良い人生なのか。彼の思想には、嵐の中でも自分の精神に立ち返ることの大切さを教えてくれる洞察に溢れています。

昨今、頻発する企業不祥事も、目先の利益を追いかけたり周囲からどう思われるかだけを気にしたりすることで発生しているのではないでしょうか。顧客との信頼関係を第一と考えるなら、社内で発覚した時点で、最大限適切な対処ができたはずなのです。

アウレリウスは、善き人生を送るために「今日が生涯最後の一日であったら」という問いかけを何度かしています。それは恐らくアウレリウス本人にとっても、何が重要であるかを気づかせてくれる指針だったと思われます。

『自省録』は、1800年の時をこえて、日々の生活で近視眼的になりがちな私たち現代人にも、人生で本当に重要なものを振り返る機会を与えてくれるのです。

様々なことが起こる中で、リーダーには最善の決断と行動が要求されます。それを実現するには、自らの価値観をしっかり持つことが効果的なのです。

マルクス・アウレリウス

第16代ローマ皇帝。紀元121年生まれ。先帝の女婿であり、高貴な身分ながら哲学により節制を保った生活を送った。対外戦争でも活躍して、五賢帝の一人と評価された。

第3章

中国の古典

古代中国の歴史は、人間の膨大な知恵の集積のような存在です。世界最古の戦略書といわれる『孫子』から、貞観の治という安定した時代を生み出した英知である『貞観政要』まで、リーダーが読むべき中国の名著を本章でご紹介します。

闘争に勝つための兵法書『孫子』は、春秋戦国の時代に生まれましたが、**神話や呪術的な思考からの脱却により、組織を合理的に動かす者が勝利する時代の到来を私たちに教えてくれます。**『孫子』以降、優れた支配を生み出す英知へ次第に転換していく流れは、中国大陸の知恵の変遷を連想させます。

『商子』は、始皇帝を生み出した秦という古代国家の、新しい支配体制を解説した書籍ですが、人類の初期に、大規模な支配体制をどう生み出したかを示しています。

兵法書の『六韜』は、漢の高祖や三国時代の劉備が愛読したことでも有名です。そして『六韜』は、持たざる者が帝王になる道を説いている意味で特殊な存在です。仕事のキャリアをリーダーである立場から始める人もいれば、漢の高祖や三国時代の劉備のように、ゼロからリーダーになる道を歩む方もいるでしょう。中国古典は、読者のスタート時点の違いにも対応する、視野の広さも魅力です。闘争に勝ち抜くことは、リーダーになるための英知であり、優れた支配の技術はリーダーであり続けるための英知と考えるなら、2つともに有効な叡智であることがわかるでしょう。

今回紹介する中国古典のうち、『貞観政要』が三国時代のあとにあり、『貞観政要』の元になった唐の太宗の思考と洞察が、三国時代から300年近くのちに行われていることは、注目に値します。三国時代の当時、魏の曹操や蜀の劉備がすでに消え去り、彼らの興した国が崩壊した理由も、太宗は考慮に入れることが可能な時代のリーダーだからです。三国時代のリーダーたちの中で、魏の曹操は突出した人物として歴史に足跡を残しましたが、唐の太宗は彼の帝国が3代のちには奪い去られて、臣下であった司馬氏の天下となったことを知っています。孫子の兵法を体現した人物としても有名な曹操、彼のリーダーシップにも弱点があったことが、唐の太宗にはわかっていたのです。

このように考えると、リーダーシップを古典から学ぶときに、それぞれの時代に合わせながらも、リーダーシップは留まることなく進化を続けていることがわかります。過去の時代の反省が、次の時代に織り込まれる形でリーダーシップは発展するからです。だからこそ、トップを目指す人もトップで指揮を執る人も、過去から学ぶ意義を忘れてはいけないのです。古い時代のリーダーシップの弱点は、新しい時代には克服されて当然となっていくのですから。

05 『孫子』（孫武）

前5世紀頃刊

軍事思想家

優れたリーダーは戦わず勝つ

ビジネスでは自社の努力だけでなく、外の世界との競争が常に存在します。他の組織と競い勝つために、どんな基本原則があるのか。世界中で読まれる古典名著で学びます。

2500年間、勝者を支えた孫子の兵法

『孫子』は、ほとんどの人が一度は耳にしたことがあるでしょう。紀元前5世紀頃の古代中国で武将・戦略家として活躍した孫武《そんぶ》の著作と言われている兵法書です。

孫武は呉《ご》王の闔閭《こうりょ》に重用され、敵対する楚《そ》国との戦争では、周到な準備と策略により、連戦連勝した名指揮官でした。

孫武の著作「孫子の兵法」には、戦争の基本的な心構えから好機の見つけ方、第一線の

リーダーである将軍の行動原理、地形・情勢に応じた戦い方などが描かれています。「孫子の兵法」は現在でも世界各国の軍事組織で研究が続けられています。同時に、ビジネスの世界でも、リーダーに広く読み継がれてきました。「週刊ダイヤモンド」による調査では上場企業の時価総額上位1000社の経営者への調査で、参考としている経営思想書として、1位のピーター・ドラッカーに次いで2番目に参照されているとの結果が出たほどです。

「孫子の兵法」の特徴の一つは「勝つ側は、勝つべくして勝利している」という哲学です。偶然や幸運による勝利ではなく、勝者側は条件をすべて整えてから勝負を始めるというのです。

「戦上手は、自軍を絶対不敗の態勢におき、しかも敵の隙は逃さずとらえるのである」（『孫子・呉子』守屋洋／守屋淳訳・解説、プレジデント社より）

だからこそ勝者は継続して勝者でいることができ、幸運を期待してばかりの者が常に敗者の側に回るのです。ビジネスでも勝負は、商談やプレゼンの前に決まってしまうことがあります。勝つ側が勝利を手にするに相応《ふさわ》しい準備を完璧にしているからです。

●「戦わずに勝つ」の重要性を世界に広めた

歴史上、『孫子』の兵法以外にも兵法書と呼ばれる書物は多く残されています。しかし『孫子』には独自の視点があり、それがこの書を史上最も有名な戦略書にしています。

その独自性の一つは「戦わずに勝つ価値」を強く訴えていることです。

「百回戦って百回勝ったとしても、最善の策とはいえない。戦わないで敵を降服させることこそが、最善の策なのである」

「戦争指導にすぐれた将軍は、武力に訴えることなく敵軍を降服させ、城攻めをかけることなく敵城をおとしいれ、長期戦にもちこむことなく敵国を屈服させるのである。すなわち、相手を傷めつけず、無傷のまま味方にひきいれて、天下に覇をとなえる」（ともに同書より）

ビジネスでも相手と衝突することはあります。話し合って穏便に収めても、訴訟合戦で勝っても、時間や労力を消耗し、関係性にしこりが残ります。一方で、『孫子』の語るように「戦うことなく勝つ」ことができれば、相手との関係が良くなる可能性が残されたり、こちらの体力が損耗することなく次のステージに進めるなど、多大なメリットがあります。

童話『北風と太陽』のように、相手がこちらの望む行動をするように仕向けるのです。これは社内でも同じで、同僚や部下を無理やり仕事に取り組ませるより、彼らが自ら積極的に仕事に熱中する環境や条件を創り出すほうが、より効果的なのです。

優れたリーダーは、兵士一人ひとりの奮闘に期待しすぎない

『孫子』は、勝敗を決めるのは、軍の組織編成の仕方、指揮系統のあり方、変幻自在な戦い方ができるか否か、であるとしています。その上で、組織・チーム全体に勢いを持たせる環境をつくるべきだと言います。

「戦上手は、なによりもまず勢いに乗ることを重視し、一人ひとりの働きに過度の期待をかけない。それゆえ、全軍の力を一つにまとめて勢いに乗ることができるのである。勢いに乗

れば、兵士は、坂道を転がる丸太や石のように、思いがけない力を発揮する」（同書より）

これは「リーダーの重要な役割は、チームが一丸となれる環境整備にある」と解釈することもできます。チームに参加する個人が才能や能力に溢れていることは、もちろんプラスの要素です。しかしプロスポーツでも、チーム競技では個々の選手が優秀なだけでは勝てません。

チーム全体が持てる力をすべて発揮できる環境整備が、指揮官に求められるのです。

●勝てるリーダーに不可欠な視点

『孫子』の思考体系は、競争のある社会で「自分以外の要素」の重要性をリーダーに教えてくれています。自らが努力するだけでは、どんなリーダーも大きな勝利を得ることはできません。組織があり、競合他社があり、置かれた環境があるからです。

次の言葉は、『孫子』第4編の「軍形篇」からの引用ですが、失敗を防ぐことは自ら行えるが、成功を収めるのは外部の環境・機会に依存すると指摘しています。

この冷徹かつ深い現実への洞察こそが、『孫子』の真骨頂と言えるのです。

■『孫子』に学ぶ自ら動く組織

相手が屈服せざるを得ない条件を積み重ねる

有利な条件①
↓
有利な条件②
↓
強い他者との連合・同盟
↓
十分な戦力と組織の規模
↓
優秀な組織内リーダーが多数
↓

競合陣営

・戦う前に、すでに敗北　・相手に合併されたい

一人の働きに過度に期待せず、環境を整える

・人を引っ張る努力が必要

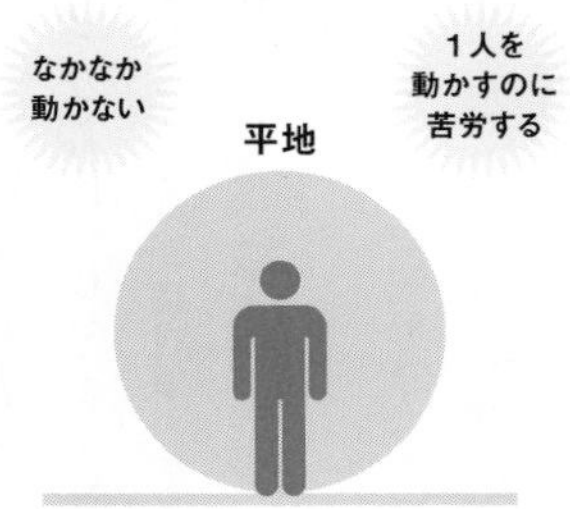
なかなか
動かない
1人を
動かすのに
苦労する
平地

・舞台を作れば一斉に動き出す

勝手に
動き出す
仕組みを作る
坂道

人を動かそうとすれば、一人ひとりにリーダーは大きな労力をかける必要がある。
しかし自然に動き出す舞台を作ると、多人数が一気に勢いを持って動き出す。

「むかしの戦上手《いくさじょうず》は、まず自軍の態勢を固めておいてから、じっくりと敵の崩れるのを待った。これで明らかなように、不敗の態勢をつくれるかどうかは自軍の態勢いかんによるが、勝機を見出せるかどうかは敵の態勢いかんにかかっている」（同書より）

勝利は自らだけで完結できるものではなく、現実との深い関わりの中で効果的な調整を行い、初めて手に入れることができるということでしょう。勝てるリーダーに不可欠な俯《ふ》瞰《かん》的な視点を、『孫子』は2500年にわたって読み手に与えてくれているのです。

孫武

中国古代の戦略家・軍事思想家。古代の用兵術を研究し、呉の国で将軍に登用される。呉と楚との戦争では戦端を開くと連戦連勝した。兵法書『孫子』の著者とされる。

06 『商子』（商鞅）

紀元前4世紀頃刊

政治家・思想家

上も下も公平に罰することで、効果を最大に発揮する

古代中国を統一した秦の始皇帝。彼の偉業から100年ほど前、秦の政治を改革する優れた法が採用されました。厳格な、人によらない統治の功罪を古典から学びます。

秦の富国強兵策を支えた支配思想

古代中国の秦《しん》は、群雄割拠の時代を終わらせた存在として有名です。秦の始皇帝は紀元前221年に戦国の七雄たちを滅ぼして中国を統一しました。

秦はもともと七国の中で、最も内陸部で未開の国とされていました。しかし始皇帝にさかのぼる数代の王たちが、優れた政治・統治を目指したことで強国となっていきます。

秦の孝公（前361年即位）の人材を広く求める政策を聞きつけて、商鞅《しょうおう》という人物が秦に入ります。孝公は商鞅の変法の改革を受け入れたことで、国力の増強に成功。強国の魏《ぎ》を攻めて勝利するなど、多くの功績を挙げることになりました。

孝公、商鞅の死後も実行された改革と法律は継続され、秦は強国への道を歩みます。

当時、国を豊かにするには、①未開拓地の開墾、②農業の増産、③戦争で勝つ強力な軍隊、の3つが必要でした。

しかし問題は、3つともに国民が進んで行いたいことではなかった点です。

商鞅が定めた法は、この3つを国民が進んで行うように仕向ける統治術であり、秦ではやがて土地開拓が進み、農業生産が高まり、精強で死をも恐れない軍隊が出現します。

●豊かになる道は、戦争で功績を挙げることに絞れ

商鞅は未開地の開墾と農業振興には制度を、精強な軍隊を育てるには賞罰を提唱しています。これらの法により、国民が自ら進んで3つに従事することを意図したのです。

「嫡出子以外の息子を、各家から公平に徴発し、帖簿と照合して力役につかせ、またその力

役の免除規程を厳格にし、米穀出納に携わる役人でもその役目で夫役免除はされず、大官でも必ず免除されるというわけにはいかないようにすれば、嫡出子以外の息子たちは、他人の家へ奉公にゆくか、でなければ必ず農業に従事するであろう」（『商子』清水潔訳、明徳出版社より）

農業人口の増加には、商人や資本家が不当な利益を得ないように増税したり、食糧の価格を高く設定するなどの法律で対処をしました。

また、軍事に国民が集中するために、軍功以外での立身出世の道を閉ざし、名門の子弟や金持ちでも、軍事の賦役《ふやく》からは一切逃れられないようにしたのです。

「勇気のない人民でも、刑罰でおどしながら使えば、必ず勇敢となり、勇敢な人民は賞を与えて使えば、必ず生命を惜しまない。勇気のない人民が勇敢となり、勇敢な人民は生命を惜しまず、敵するもののない国は、強くなる」（同書より）

次第に国民は戦争が始まるとお祝いを言い合って、みな利益を期待し始めました。

3つの要素に国民を集中させる商鞅の思想は、冷酷だと感じられます。富国強兵の実現のため、国が栄える部分に集中させて他の人生を歩ませないようにしているからです。

しかし「国民が進んで3つの苦難に取り組むための制度」には、ビジネスでも役立つ視点があると思われます。やりたい人はあまりいないが重要な仕事は、いつでも存在しているからです。

最大限効果を発揮する業務が明確に絞り込めたら、それに社員を集中させるための制度を考案する。さらに社員が進んで取り組むように賞罰を設定することが重要なのです。

●どんな身分・立場の者も、法の前では抜け道をふさげ

商鞅は法による支配と富国強兵の実現という点で、世界の元祖と言うべき存在です。しかし彼は、私たち現代人も目《ま》の当たりにする難問に直面しています。

それは、人民が法律を信じず、その施行がきちんと公平に行われないという問題です。

その原因は政治家や官僚が、自分たちだけは法律を好き勝手に曲げて解釈することにあります。

「世の政治家たちは、多くのばあい法度を無視して、勝手な議論を立てて事を処理してゆく。

これが国の乱れるもとなのである」（同書より）

いつの世でも下の者は上に阿《おもね》り、結局はトップに立つ人間の振る舞いを観察して真似をし始めます。権力者が法律を無視すれば、下の者が守らないのも当然です。黙っていても、下の者は上の者の振る舞いや行動を見ています。上の人間が法律を好き放題に曲げていれば、下の者も法の効力は口先だけだと理解するのです。

法の支配が適切な効果を発揮するには、上の者が公私の区別をする必要があるのです。

「公私の区別がはっきりしておれば、下らぬ人物が賢人をにくむこともなく、能のない者が功ある人をねたむこともない。（中略）賢能の人物をしらべて挙用し、その人に天子の位を与えたのは、父子の関係をうとんじ、遠い越の人を親愛したのではない。その人が治乱の道理によく通じていたからである」

「法律を施行して、人民に悪事を行なう者がなくなったというのは、法律の内容がよく理解され、人民にとってそれが利益になると考えられたからである」（ともに同書より）

実際、商鞅は自らの変法の改革の際に、王族の一部が法律を犯したことで、特別扱いをせず厳罰に処しています。これを見て、国中の者がただちに法律に従うようになりました。下の者は上の姿を見て、社会の現実を確かめているのです。

突出して優れたリーダーのみが使いこなせる苛烈な統治法

商鞅の唱えた理論は一見完璧に思えます。しかしこの法治理論が効果を発揮するには、不可欠で重要な存在があるのです。

それは傑出したリーダーです。

未開地の開墾や農業増産に従事せざるを得ず、戦争での軍功以外では昇進できず金持ちにもなれないのが、当時の秦の人々でした。このように誰もが嫌がる賦役につかせたり戦争の恐怖を克服させるには、法の統治に「えこひいきなく」「ずるく逃れる術《すべ》はない」という状況が必要なのです。そのため、抜け道を許さない果敢な指導力のあるリーダーがいなければなりません。

「君主たる者は、貴人への裏口運動に対して便宜を与え、国家のために手柄を立て努力をする者を後廻しにするようでは、たとい爵位の授与が行なわれても、兵力は強くはならないのである」

「法律の適用に関する一定の制度がきまっているので、法律は立派に施行されるのである。だから、君主たる者は、自己のありかたをよほど心せねばならない」（ともに同書より）

商鞅は「完璧な法を、実施させるための法がないことが問題だ」と述べています。高い地位の者や官僚、お金持ちが抜け道をいつも活用して、自分たちだけずるい方法を使い、一般の国民にだけ苛烈な法律を押し付ける。それでは物事が治まるわけがありません。国民が法律を信じないのは、上にいる人間の振る舞いが矛盾して姑息だからなのです。

もう一つ、重要な点に「苛烈な法による統治には、完全な実力・成果評価が必要」だということがあります。どのような立場、どのような出身でも、軍功が素晴らしければ将軍に取り立て、農耕生産で成果を上げた者は裕福にすべきなのです。

官僚、金持ちのずるい抜け道を断固・完璧に排除する。公平に実力を評価して、成果を上げたものは出身門閥にかかわらず、必ず取り立てて高い地位を与える。これができるのは突出して優れた判断力と合理的思考を持つリーダーだけです。

そのような傑出したリーダーの元であれば、苛烈な法治は富国強兵に有効なのです。

「人を愛する者が、おもねったことをいわず、人を憎む者が相手をそこなわず、愛することも憎むことも、それぞれ正当に行なわれる。それが政治の極致なのである。私はそれゆえに、『法が一切であるとき、国家は治まる』と主張するのである」（同書より）

商鞅は「法が一切＝すべてであるときに」と断わりを入れています。地位の高い者が徒党を組んで悪事を働けない社会。門閥の生まれがずるい逃げ道を断たれて、軍事で功績を上げなければ降格もさせられる社会。適切に組み立てられた優れた法が、公平無私にすべての者に対して平等に施行されるとき、富国強兵の理想の国家が出現すると説いたのです。

秦の始皇帝の死後、あっという間に帝国が崩壊した理由

身分の高い官僚や政治家にも、厳格な態度で臨める王ならば、商鞅が定めた法による支

配は、最高の効果を生みます。それは優れた法体系が、国力を自然に富ませていく理想的な筋道を指し示すからです。

しかし商鞅の法による支配は、大変誤解を受けやすいのも事実です。徹底した実力主義・成果主義と、厳罰の法体系が明確に併存しなければ、国民の強い恨みを買うからです。その通りのことが、偉大なリーダーの始皇帝が死去したすぐあとの秦に起こりました。

始皇帝は死（前210年）に臨み、優秀な長男の扶蘇《ふそ》を後継者に指名します。しかし宦《かん》官《がん》の趙高《ちょうこう》と丞相《じょうしょう》の李斯《りし》に遺書は潰され、無能で操りやすい胡亥《こがい》が後継者になりました。

その後、政治は急速に乱れ、中国全土に秦への反乱が頻発するようになります。

のちに前漢の初代皇帝となる劉邦《りゅうほう》は、秦の都に労働者を移送する監督官として働いた時、長雨で期日通りに到着できないことになりました。厳罰主義の秦では、期日の遅れは死罪です。劉邦はどうせ罰を受けるならと、逃げてしまいやがて反乱軍の頭目になります。

秦の名将だった章邯は、帝国崩壊の時によく反乱軍を防いで善戦しますが、秦の都に

商子による強力な組織のつくり方

商鞅が、秦を天下を狙える強国にできた理由

①未開拓地の開墾　②農業の増産　③戦争で勝つ強力な軍隊

上記3つの重要性を見抜き、それに国民を集中させたから

1

集団を飛躍させる
要素を
正しく選ぶ

何が、集団を成功に導くのかを正しく設定して
「嫌だが重要な仕事をやる」仕組みを作る

企業なら、仕入れ、商品開発、営業、人材育成、採用など、何が一番重要かを見極める

2

出世して豊かに
なるには
避けられない
責務に設定

商鞅は
「制度」「賞罰」の
2つを巧みに
活用した

組織で出世コースに乗るには、設定された責務を避けて通れない

3

成果には大きな
報酬を与え、
法を犯すことには
厳罰を与える

業務規程は必ず遵守すること、成果を出したら大きく報われること

送った使者が中央の腐敗を見て「功を立てても誅殺され、功を立てなくても誅殺される」と彼に述べたため、悩んだ末に反乱軍に投降してしまいました。

趙高や取り巻きは、私利私欲で権力を握り、成果に公平で自らに厳しいリーダーではありませんでした。彼らが法治主義を誤って用いたとき、有能な臣下は真っ先に逃げ、すべての国民が帝国を打倒するために立ち上がり、秦帝国はあっという間に滅亡したのです。

商鞅

紀元前390年生まれ。衛の生まれながら秦に仕えて変法の改革を行った。彼の富国強兵策は効果を発揮して秦を強大化させるも、厳しい法律を恨まれて最後は惨殺された。

07 『六韜』（太公望）

軍師

天下を一人占めせず、共有しようとする者こそ天下を得る

たった一人では、大きな事業は成就できません。では、人に支えられる、周囲に持ち上げられる人になる方法はあるのでしょうか。

漢の劉邦、三国志の劉備を支えた兵法書

古代中国の周王朝の文王・武王を補佐した、名軍師である太公望。兵法書『六韜』は太公望の書と言われています。「韜」は袋を意味する言葉であり、6編の虎の巻のような意味で理解されます。

兵法書『六韜』が有名なのは、歴史に名前を残した二人の人物が、『六韜』を学んで天下を舞台に活躍したからです。一人は、漢王朝を創始した劉邦を補佐した張良。粗削りな

ボスである劉邦の参謀となり、紀元前202年に中国を統一しています。

二人目は、三国志時代に活躍して皇帝となった蜀の劉備です。貧しい家庭から身を起こした劉備は戦乱の世に繰り出し、仲間を集めて最後は3つの国家の1つである蜀の皇帝にまで上り詰めています。

漢王朝を興した劉邦は、当時最強の猛将だった項羽と競い、最後は項羽を破って天下を手にしました。蜀の皇帝となった劉備は、軍事的な天才だった魏の曹操と同じ時代に生き、曹操の陣営に属したこともある苦難の人生を送りながら、最後は3国の1つである蜀を興し、自分の国を持ったのです。

二人の活躍を見れば、『六韜』がリーダー必読の書と理解されるのも妥当だと思われるのではないでしょうか。

『六韜』の4つの基本指針

兵法書の『六韜』は、どちらかと言えば政治的な提言に特徴があります。

あなたという人物が、多くの人に支えられ、多くの仲間を得ることで初めて天下が取れるのだ、という論理が『六韜』の中心軸だからです。

この点を含めて、『六韜』には、4つの重要なポイントがあります。

①周囲と利益を分け合う者が、リーダーとして支持される

『六韜』は天下を仲間と共有する者こそが、天下を手に入れると指摘します。会社経営ならば、手柄を独り占めにする者、成功の利益をすべて自分のものにするワンマン経営者ではありません。栄光と利益を、一緒に汗をかいた人たちと分かち合う人物こそが成功する、という主張です。

「天下は君主ひとりのものではなく、天下万民のものです。天下の利益を共有しようとすれば天下を手中に収めることもできますが、独り占めにしようとすれば天下を失ってしまいます」（『［新装版］全訳「武経七書」3　六韜　三略』守屋洋、守屋淳訳、プレジデント社より）

自分だけの利益、自分だけの栄光、自分だけの成功。すべて自分の功績。このような心のせまいリーダーは、結局最後には多くのものを失ってしまう。あなたの成功とあなたの出世が、部下の成功にもつながる、部下の豊かさにもつながると周囲が信じるからこそ、皆があなたを持ち上げて、リーダーとして支えてくれるのです

から。

②リーダーは、必要なときに必要なことを断行すべし

『六韜』は優しい兵法書に見えますが、背後には極めて冷徹な思考があります。
その一つは、即断即決、迅速果敢がリーダーには絶対に欠かせないとしている点です。

「日が高く昇ったら、必ず物を干すことです。また、いったん刀を手にしたら必ず殺し、斧を手にしたら必ず倒すことです。日が高く昇っても物を干そうとしないのは、好機を失うことにほかなりません。刀を手にしても殺そうとしないのは、有利な時を逸することですし、斧を手にしても倒そうとしないのは、かえって敵を招きよせるようなものです」（同書より）

必要不可欠なタイミングで行動できない者は、そもそもリーダーには向かないのです。そのような者は、チャンスの前で尻込みして、敗北を防ぐためにすぐ立ち上がらない。結果、その人に従った部下や信頼した者は、悲惨な末路を迎えるでしょう。

③人を見抜くには、評判ではなく仕事を任せた結果で判断する

人を評判だけで信頼するな、というのも『六韜』の重要な教えです。評判だけで人を判断すると、徒党を組んでグループを持つ者がお互いを褒め合い有利になるからです。

これでは実力のある者を抜擢できません。では、どうすべきなのか。

「金を与えてみて、人を踏みつけにしないかどうか。高い地位につけてみて、人を見下さないかどうか。重い責任を与えてみて、それをやり遂げるかどうか。仕えさせてみて、隠し立てをしないかどうか。危険な目にあわせてみて、尻込みしないかどうか。問題を処理させてみて、途中で投げ出さないかどうか。これを観察するのです」（同書より）

『六韜』は、人に仕事や地位を与えるのは「テストである」としています。テストで実績を上げた者を、初めて高く評価するようにすれば、人に与える地位と実力が乖離することがなく、組織の歪みも出てきにくくなるのです。

④優れた人を見抜き、ダメな人も見抜いて組織を創ること

組織作りには、人物評価の能力が欠かせません。

だからこそ『六韜』では、将軍に任命する者の条件、腹心に任命するべき者の条件など、多様な人材を正しく評価する方法が何度も述べられています。

人を正しく評価することほど、難しいことはありません。しかし、それができることが、あなた自身をより高みに導く大きな力になってくれることも間違いないのです。

スタートで何も持たない者こそ、『六韜』が役に立つ

『六韜』を学んで歴史に名を遺した劉邦と劉備には、ある共通点があります。スタート時点で、彼らにはほとんど後ろ盾がなかったことです。

漢王朝を創始した劉邦は、ほとんど庶民の生まれであり、青年時代は侠客のような生き方をして、のちに地方の公務員のような仕事に就いていました。

劉備は、劉邦が創始した漢王朝の末裔ながら、彼が生まれた161年には、家柄は地方の小さな豪族程度であり、父が劉備の幼少時に亡くなったため、少年期まで非常に貧しい暮らしをしていました。

劉邦のライバルとして最後まで天下を争った項羽は、代々楚国の将軍を務めてきた名門

の家柄で、天下争いに進出したときには軍事的な勢力もある大本命でした。劉備を戦闘で圧倒し続けた天才曹操は、後漢の宦官の名門の家に養子となった父を持ち、中央ですでに名前を知られていた存在でした。

持つ者と持たざる者を区分するなら、『六韜』を学んだ二人は持たざる者の側にいたのです。

持たざる者に属しながらも、天下争いに名乗りを上げて、時代の頂点である皇帝にまでに上り詰めた二人。彼らに特徴的なのは、出会う人すべてを魅了し、彼らの後ろ盾になりたい、彼らを勝者にしたいと心から思う者が続出したことです。

劉邦と劉備は共に、人を惹きつけて味方にしてしまう、強烈な人望を持っていました。この人望に厚いリーダーになる方法こそが、『六韜』の秘密なのです。

出会う人すべてに、自己重要感を与える人がリーダーになる

『六韜』では、相手の心をつかむ重要性が繰り返し述べられています。「心をつかむ」相手は、味方だけではなくライバルや敵のリーダーなども含みます。相手が強い場合、謙虚

な姿勢を徹底することで、ライバルではなく、むしろ味方陣営に引き込みたい、優秀で有望な人材だとあなたが認識されていく。

逆に「自分のことしか考えていない」人は、だれにも信頼されず、多くの人に支持されることもできません。

強敵を油断させるだけでなく、相手陣営のリーダーよりも、あなたのほうが相手組織の部下たちに信任を得てしまうような対応まで奨励する『六韜』。

強敵の組織の内部で分裂を誘い、あなたに味方する人間が増えることさえ実現させる。

これができるためには、相手陣営のトップの人間だけではなく、ナンバー2やナンバー3もしくはもっと下の階層の人間にも目をかける必要があります。そのような細やかな配慮ができる人間こそが、『六韜』が描く、他者を惹きつけて止まないリーダーなのです。

太公望
古代中国の王朝、周に仕えた名軍師。殷の帝国を打破して周王朝の時代を導いた人物とされる。

08 『貞観政要』（呉兢）

7世紀前半刊

歴史家

創業と守成、リーダーは2つの局面に上手く対処すべき

成功するまでと、成功を持続させる2つの局面の違い。創業に成功しても短期で消える者もいれば、成功を人生の終わりまで維持できる者がいるのはなぜか？

創業と守成、2つに成功した名君だった唐の太宗

『貞観政要』は中国・アジアでは有名なリーダーのための書籍です。由来は、貞観の治という平和で繁栄した時代を築いた、唐の太宗の治世にさかのぼります。598年に生まれた太宗は、混乱した隋帝国を打倒するため父親と挙兵して、618年に唐を建国します（太宗は626年、対立していた兄弟を殺害して帝位についた）。

特筆すべきは、太宗が野戦の指揮官として武勇に大変優れていたにもかかわらず、人生の後半の帝国統治でも、長く優良な時代を創り上げたことです。その政治は、唐帝国を長期政権に押し上げました。彼の後半生は、臣下への次の質問で表されています。

「帝王の事業のなかで、創業と守成といずれが困難であろうか」（『貞観政要』守屋洋訳、ちくま学芸文庫より）

戦乱の世の中を戦いで乗り越えた臣下たちは、「創業こそ難しい」と言いましたが、新たに臣下となった魏徴は、「手に入れた平和を維持することのほうが難しい」と指摘しました。魏徴の言葉から、天下を太平する創業の困難はすでに過去であり、今後は手にした天下と平和を維持することに全員で努力を傾けるべきだと太宗は宣言します。

リーダーには攻めることが得意な人もいれば、守ることが得意な人もいます。

しかし太宗は、攻めることで天下を取った自覚を持ちながら、成功を収めたあとの「守成の難しさと必要性」を理解したのです。彼は「守成という新たな目標」を明確に掲げて、部下と一致団結して取り組んだのです。

長期に平和な帝国を維持できた5つの理由

『貞観政要』は、太宗と臣下の問答集の形式をとっています。

その中で、長期間優れた治世を続けられた理由が、おおよそ5つ語られています。


【太宗が貞観の治を実現できた理由】
①自分を慎む、謙虚に臣下の意見に耳を傾ける姿勢
②部下の長所を活かし、善い意見は素直に取り入れる
③富貴になっても、質素倹約を忘れず民に負担をかけない
④公正明大、縁故などではなく実力本位の人材配置をする
⑤良い時代を君主、臣下全員で築き上げるという目標意識の徹底

5つはすべて、大いに納得できるものですが、逆のことを考えてみましょう。

一度は成功してすぐに没落する人、失敗をして終わる人の特徴は何なのか？

成功すると、すぐに唯我独尊になり、人の意見を聞かなくなる。他人の善い忠告やアドバイスを受け入れない。お金を手にすると、すぐに贅沢に走ってしまう。

自分の縁故やイエスマンだけを、重要なポジションに据える。新しい目標を掲げることができない、集団の意思を1つにまとめて邁進できない。

「昔から国を滅ぼした君主は、いずれも、安きに居りて危うきを忘れ、治に居りて乱を忘れておりました。かれらが国を維持できなかった理由はこれであります」(同書より)

(臣下である魏徴の発言)

右記に列挙した罠、落とし穴は現代でも落ちる人が後を絶たないものです。

一時的な成功、例えばITブームで一躍時の人になったなど。しかし、ブームが去った10年後に、当時と同じかそれ以上に成功を拡大させている人は、指で数えるほどしかいない。このような落とし穴は、成功者になったがゆえに大きく口を開けるからです。

だからこそ、『貞観政要』の太宗のように、事前に落とし穴に備えることが、終生成功者でいられるか、すぐに没落するかを大きく分けるのです。

●太宗が名君である2つの理由、リーダーの変わり身の難しさ

唐の太宗の成功、『貞観政要』の問答から見える1つの注目点は、リーダーの役割の変化とその必要性です。太宗は10代から戦乱の世に出ており、自ら兵隊を引き連れて縦横に戦場を駆け回り活躍した人物です。

太宗（若いころは李世民）のあまりの活躍により、兄と弟は嫉妬して李世民を殺そうとします。その暗殺の謀略を返り討ちにする形で、太宗は皇帝の地位を手に入れました。

戦場を駆け回る指揮官として、あるいは政治謀略を巡らす謀略家としての手腕に、きわめて優れていた太宗。ところが、彼の飛びぬけた優秀さは、自分の過去の手腕や役割にこだわりを持たず、自分の役割を切り替えるべきことを十分に承知していたことです。

現代ビジネスでも、過去の役割に固執して、新しい役割を担うことができずに失敗する人は大変多いものです。職人として成功した人物が、社員が増えても経営者になれず、トップセールスで鳴らした人物が昇進しても、周囲を育てて組織で勝つ意識を持てないなどは典型例でしょう。

自分が実力を発揮して高い評価を得るポジションや役割は、甘美な誘惑を持っています。あなたが成功体験を再び味わえることが、ほぼわかっている領域だからです。その領域や役割を離れたら、新しい挑戦や苦い失敗を体験するかもしれない。

しかし戦乱の世を平らげたあとは、戦闘指揮官ではなく、帝国をよく治める者がリーダーにふさわしいことを、太宗はよく理解していました。

だからこそ彼は、できる人が少ないリーダーの変わり身に挑戦して勝利したのです。

聞く耳を持つ人のそばにだけ、優れたアドバイザーが現れる

２つ目の注目点は、『貞観政要』に頻繁に出てくる、魏徴という人物の活躍です。

この魏徴は、もともと太宗の兄の李建成の臣下でした。しかし建成が弟の李世民に暗殺されてから、その実直さを認められて、太宗の幕臣になりました。政治を良いものにするために、魏徴は欠かせない優れた臣下だと太宗が理解したからです。

『貞観政要』には良臣と忠臣という言葉の違いが出てきます。

「良臣」とはその忠告やアドバイスがよく君主に受け入れられて、君主を繁栄させながら自己も臣下として高い評判を得る者のことです。
「忠臣」とは同じ役割を果たそうとしながら君主を制止することができず、君主が滅ぶときに際して、最後の抵抗をするために命を落とす者だとしています。

すると、忠臣ではなく「良臣」を生み出す差は、ひとえに君主あるいはリーダーが、優れた他人の意見に耳を傾けることができるか否かにあることがわかります。
これは現代ビジネスでも人生全体でも同じでしょう。優れたアドバイザーを得て成功できるかどうかは、ひとえに私たちの耳を傾ける姿勢で決まるのです。

なお魏徴は、皇帝の右腕として活躍しながらも、質素な生活を守り続けてその姿勢を世間に示しました。

「魏徴の宅内、正に正堂なし」(同書より)

正堂とは来客の間のことです。権勢を極めるような地位にありながら、魏徴は豪華な邸宅を持たず、散財をすることの愚かさを皇帝と世間に知らしめていたのです。

このような優れた臣下を持ち、その優れた者を忠臣ではなく、良臣とできた太宗の姿勢と信念。それこそが貞観の治という空前の繁栄時代を生み出したのです。

あなたは時代が要請する新たな役割を担えるか

太宗と臣下の問答集である『貞観政要』には、トップが謙虚に臣下の意見に耳を傾け、自分の襟を正し続けることが、いかに重要であるか繰り返し語られています。

逆に言えば、太宗の治世のように長く平和で豊かな時代が続かないのは、トップになった人物が謙虚さを失い、人の意見に耳を傾けることができなくなる確率が、きわめて高いからだと推察できるのです。


また、多くの人は慣れ親しんだ役割を手離すことができません。「古い役割」は高い評価を受けることができ、失敗をしない安心できる甘美な場所であるからです。

しかし、場面や時代が変わったのに古い役割に固執していては、あなた自身が次の成功に辿り着くことを（古い役割が）邪魔するようになります。役割と一緒に成功したならば、古い役割と一緒に没落することもあり得るからです。

自らの古い役割を潔く捨てて、新たな役割を明確に意識して担うこと。この挑戦を思い切った形でできる者だけが、成し遂げた成功をさらに継続させることができ、リーダーに要求される新たな高みに到達が可能になるのです。

呉兢

唐の歴史家。歴朝『実録』などの編纂に従事。『貞観政要』『国史』などを撰述した。

第4章

近世の名著

『君主論』から始まる近世の章では、支配と権力の構造を分析している本、混沌の中でも自らの精神の平静さと鋭さを失わないための書籍を紹介しています。マキャベリの『君主論』は世界的に有名ですが、彼が祖国イタリアを統一する英雄を求めていたことはあまり知られていません。マキャベリは、正しい理想を掲げた人物が、政治や戦争の裏側に無知なことで、その理想を実現できないことを心から怖れたのです。

一方、『反マキアヴェッリ論』を執筆したフリードリヒ大王は、人間の善性とリーダーが持つべき徳に着目して、マキャベリの『君主論』に激烈な反論と批判をしています。フリードリヒ大王は、啓蒙的な君主として歴史的にも有名ですが、その思想は王として生まれた人物ゆえに可能なものかもしれません。どちらのリーダーシップを選ぶかは、あなた次第なのです。

09

『君主論』（ニッコロ・マキャベリ）

1532年刊

外交官・思想家

リーダーは恐れられても、決して恨まれてはいけない

1500年代にイタリア、フィレンツェの官僚・外交官だったマキャベリが書いた『君主論』。彼の書は、以後の500年、上に立つ人のための必読書とされてきました。

有益な目的のため、自分の立場と権威を維持する

『君主論』はリーダーのための指南書として世に出てから、以降500年間読み継がれている書籍です。現在も世界中のリーダー、支配的な立場にある人たちが愛読している理由は、一体なんでしょうか。

一つには、どんな良い計画や理想を持っていても、その人に権力がなければ実現はほぼ不可能であることが挙げられます。地位や権力を持っているか否かは、「組織や集団の中

でその人が何をできるか」を大きく変えてしまうのです。

したがって理想を持つリーダーほど、地位を失わない方法を学ぶ必要があります。

もう一つは、綺麗ごとだけではない、現実のリーダーの処世術が描かれていることです。現代でも目的のため手段を択《えら》ばないことを〝マキャベリズム〟と呼びます。この言葉からもわかるように、マキャベリの書は徹底的な現実主義が貫かれています。

「人が現実に生きているのと、人間いかに生きるべきかというのとは、はなはだかけ離れている。だから、人間いかに生きるべきかを見て、現に人が生きている現実の姿を見逃す人間は、自立するどころか、破滅を思い知らされるのが落ちである」（『新訳 君主論』池田廉訳、中公文庫より）

タテマエというのは言葉にされていることが多いものです。しかし成功している人が「実際にやっていること」は言葉にされていないものです。したがって、タテマエを信じて行動すれば、失敗するのは当然なのです。

人間社会への痛烈な皮肉とも受け取れる言葉ですが、現実がそうなっているのだから仕方がないだろう、というのが『君主論』の指摘でもあります。

ビジネスや行政機関で、成果を上げたいと目標を抱いても、権力闘争に負けて閑職に追い込まれたら、何もできません。リーダーや指導者は、理想を実現するため『君主論』の指摘通りに、権力を保持する方法を知るべきなのです。

●君主が身につけるべき、2つの基本戦略

マキャベリは『君主論』の中で、大きな指針としてリーダーが身につけるべき2つの戦略を挙げています。一つは、問題には常に早めに対処すること、もう一つは、時代の変化に応じて自分の古いやり方を変えることです。

「危害というものは、遠くから予知していれば、対策をたてやすいが、ただ腕をこまねいて、あなたの眼前に近づくのを待っていては、病膏肓《こうこう》に入って、治療が間にあわなくなる」

「全面的に運命に依存してしまう君主は、運命が変われば滅びるということ。また、時勢とともに、自分のやり方を一致させた人は成功し、逆に、時代と自分の行き方がかみ合わない者は不幸になる」（ともに同書より）

前者は古代ローマ人が、その国家と領土を拡大した時の重要な指針でもあり、後者はマキャベリが多くの歴史上の君主の栄枯盛衰を分析することで導き出した教訓です。

時がたてば、良いことも悪いことも訪れてしまいます。遥か彼方に危険があるときに迎え撃てば、それは大きな問題となる前に処理できます。

時代と自分の生き方については、すべてのリーダーの盛衰を決める要素とも言えます。マキャベリは「情勢に即応できる賢明な人間はなかなか見当たらない」と書いています。人間は持って生まれた性質から、簡単には離れることができないからです。

リーダーとして失敗しないため、2つの基本戦略はぜひ心に刻んでおきたいものです。

残酷さを用いてもいいが、相手の利益も提示せよ

『君主論』は冷酷というイメージを持つ方も多いでしょう。例えば、次のようなフレーズは、この古典が冷血な君主の支配欲を満足させるための書と連想させてきました。

「君主は、たとえ愛されなくてもいいが、人から恨みを受けることがなく、しかも恐れられ

る存在でなければならない。なお、恨みを買わないことと、恐れられることとは、りっぱに両立しうる」

「残酷さがりっぱに使われた――（中略）それは自分の立場を守る必要上、いっきょに残酷さを用いても、そののちそれに固執せず、できるかぎり臣下の利益になる方法に転換したばあいをいう。一方、へたに使われたとは、最初に残酷さを小出しにして、時がたつにつれて、やめるどころかますます激しく行使するばあいをさす」（ともに同書より）

しかし同様の対応・決断は専制君主だけではなく、現代のビジネスシーンでも求められることがあります。社長は全社員から敬意を集めなくても、事業を継続して成功させるため、社内の人間を動かす必要があります。これは部下を持つ上司も同じです。

そのためには社内規程、ルールを正しく取り決めて「恐れられても恨まれない」ために、公平に適用することを徹底すべきでしょう。

事業が傾いてどうしても人員整理が避けられないとき、毎月小出しに人のクビを切れば、社内に残る誰もが「次は自分では？」と強い不安を抱えながら仕事をします。これでは成功できるはずもありません。

あるタイミングで大胆な対策を施《ほどこ》し、むしろあとに残った社員が一丸となって業績を回復させることに集中できる環境を構築すべきなのです。

もう一つ、マキャベリはリーダーに貴重なアドバイスをしています。地位や肩書を得たら、すぐにでも自己研鑽を始めてその立場に相応《ふさわ》しい実力を養い始めるべきことです。ある役職に任命されたとき、すべての人が要求を充たす実力を持つわけではありません。成長への期待を込めた人事である場合もあるからです。

「『この世の物ごとのなかで、みずからの力に基づかない権力者の名声ほど、もろく、当てにならないものはない』とは、古来、賢人が語ってきた見識であり、箴言《しんげん》である」（同書より）

上司や会社の評価が高いことで、新たなリーダーに任命されたとき、評価を実力に転換する努力が絶対に必要なのです。幸運で得た地位を、すぐに失わないためにです。

●イタリア救国の英雄を求めたマキャベリ

冷血なリーダーの書とイメージされる『君主論』ですが、実はマキャベリ自身は祖国イタリアを憂えた誠意ある人物だった可能性があります。全26章の最後のタイトルは「イタリアを手中におさめ、外敵からの解放を激励して」となっているからです。

彼はイタリア、そして生まれ故郷の共和国フィレンツェが、当時の大国であるフランスやスペインなどの影響下におかれ、国家として分断されている状況に憤《いきどお》りを感じていました。そのため本書の最後には、次のペトラルカの詩が引用されています。

「美徳は狂暴に抗して、武器をもって起たん
戦火はすみやかに熄《や》まん
イタリアの民の心に
古えの勇武はいまも滅びざれば」（同書より）

マキャベリは、祖国を外国から解放してくれる英雄をイタリアの中に求めており、そのような救国の英雄が、政治の複雑さや理想だけでは切り抜けられない現実を理解すること

を強く願っていました。彼は自分の想いを『君主論』と、四行の詩に託したのです。理想を持つリーダーこそ、理想を実現する地位を保持する力を学ぶべきなのです。

ニッコロ・マキャベリ

１４６９年にイタリアのフィレンツェ共和国で生まれる。やがて共和国の第2書記局官となるが、政変により解任される。43歳で隠遁生活を始め、『君主論』を書き上げた。死後、１５３２年に刊行。

10 『反マキアヴェッリ論』（フリードリヒ2世）

1740年刊

プロイセン国王

リーダーが自ら行ったことは、自らに跳ね返ってくる

政治には必要な悪徳があるとした『君主論』の著者マキャベリ。マキャベリに真正面から反対する、若き啓蒙思想君主の説く、マキャベリ主義の落とし穴とは?

若きプロイセン王の、マキャベリに対する反論集

1532年に世に出た書籍『君主論』。君主がどのようにして権力を握り、それを保持するかの方法をこの書は説いており、必要かつ効果的なら悪徳さえも躊躇しない言葉で溢れています。著者マキャベリは本書で世界的に有名な人物となりました。

マキャベリは『君主論』で、君主は自らの支配力を維持するため、必要ならためらわずに暴力や陰謀を使い、悪徳を受け入れろと説きます。

マキャベリは巧みな弁舌で、悪徳と暴力は君主を助けてくれると主張しました。

では、君主（あるいはリーダー）は悪徳を用いることが正しいのでしょうか。世界中の人間が抱くこの疑問に答えた書があります。フリードリヒ２世が書いた、『反マキアヴェッリ論』（大津真作訳、京都大学学術出版会）です。

フリードリヒ２世は、１７１２年にプロイセンで生まれます。彼は幼少よりさまざまな学問に触れて、哲学者ヴォルテールと親交を結ぶなど、優れた教育を受けます。市民から支持され多数の著作を残したフリードリヒ２世は哲人王とも呼ばれますが、彼はなぜ、マキャベリの著作に辛辣な反論をしたのでしょうか。

リーダーの行動は、多くの者がまねをする手本となる

君主に悪徳と、必要なら暴政を勧めるマキャベリは、ある重要なことを忘れているとフリードリヒ２世は指摘します。リーダーが行うことは、リーダーの周辺で多くの者がまね

をする手本となることです。

著作『君主論』の中で、マキャベリがリーダーの手本としたチェザーレ・ボルジアという人物がいます。1475年にローマで生まれ、彼の父はのちにアレクサンデル6世として教皇の地位に上り詰めたように、名門の一族として育ちます。

しかしこのボルジアは、自らの野心のままに行動して、数々の悪辣な陰謀を実行。血なまぐさい半生を送りながら、最後は父の死去とともに一気に没落します。

マキャベリは、大国に囲まれて身動きが取れない祖国イタリアを、野蛮なこの英雄が救ってくれたかもしれないと夢想して、『君主論』では模範として描かれています。

しかし、フリードリヒ2世はマキャベリの議論に真正面から反論します。

「裏切りの見本を示してみよ、そうすれば、つねにあなたがたを模倣する裏切り者が現れるだろう。背信の見本を示してみよ。そうすれば、どれほどの数の背信者があなたがたに同じ背信を返さないことがあろうか！」

「暗殺の模範を示してみよ。あなたがたの後継者のひとりがあなたがた自身の身体で、小手調べをするのではないかと恐れよ！」（『反マキアヴェッリ論』大津真作訳、京都大学学術出版会より）

君主あるいはリーダー的な地位にある者がすることは、周囲の者に伝染します。リーダーが人間性を無視すれば、その部下も下の者も人間性を失います。リーダーが不正や不道徳に身を染めれば、不正や不道徳が組織に伝染するのです。一時的な狡猾さによって何かを切り抜けると、狡猾さがリーダーや集団に習い性になってしまう。しかしこれはやがて、破滅を招くことになるのです。

自らが行うことは、やがて自らに返ってくる

マキャベリがヒーローのように持ち上げたボルジアが、最後は悲惨な没落を遂げたことを、フリードリヒ2世は、痛烈に指摘しています。

ボルジアは父であるアレクサンドル6世が死去したのち、急速にその運命を暗転させます。父の死後すぐの1507年に世を去ったのです。

「彼（ボルジア）は、ロマーニャ地方と彼の財産とをすべて失ったからである。彼は、スペインのナバーラ王国を頼って亡命したものの、彼が生涯のあいだ、幾度となく用いた裏切りのひとつによって命を落とした」（同書より）

ボルジアが領土を失ったのは、過去に彼が抑圧した人物たちの反乱と、フランスによる領土の没収です。さらに彼を追い込んだのは、父が死去したのちに教皇になったユリウス2世の度重なる裏切りでした。

結局、ボルジアの約束を誰もが一切信用していなかったのです。

マキャベリが英雄視したチェザーレ・ボルジア。彼は父である教皇の後ろ盾を失ったのち、短期間で没落して死を迎えました。彼が周囲の政敵に使ったあらゆる謀略や陰謀、裏切りや抑圧は、時間を経てすべて彼自身に返ってきたのです。

都合のよい側面だけを切り取ったマキャベリの『君主論』

このような悲惨な因果を見てなお、なぜマキャベリの『君主論』が今でも世界的に評価されているのでしょうか。フリードリヒ2世は、マキャベリが歴史の事実から都合のよい側面だけを切り取り、自分の主張を支持させたからだと指摘します。

「この著者の例の取り上げ方に悪意があることは、指摘されるべきである。この卑劣な誘惑者の策略。術策のすべてを白日の下にさらすことが望ましい」

「本書においてわれわれが目にしてきたのは、ことごとくいんちきな推論であった。マキャベリは、これらの推論を用いて、われわれをだますとともに、われわれに大人物と極悪人を取り違えさせることを意図した」（ともに同書より）

マキャベリを少しだけ弁護するならば、マキャベリ自身がイタリアのフィレンツェ共和国で生まれ、この国の外交官として強大なフランスの影響に苦慮していました。その時期に、破竹の勢いで周辺勢力を統合していくボルジアの戦争の巧みさをマキャベリ自身が実際に体験しています。

そのため、マキャベリはボルジアの悪しき側面を直視することが、どうしてもできなかったのかもしれません。

それでもなおかつ、フリードリヒ2世は『君主論』の誤りを激烈に述べ立てています。『君主論』が悪を示唆することで社会に悪徳を蔓延させながら、一時的な激情で暴政を働いたあげく、自身も周囲も破滅で終わるような道に人々を導いているからです。

●リーダーは、集団の模範であるべき。それは報われる道である

マキャベリが称賛したボルジアも、フリードリヒ2世もある共通点があります。それは戦争に次ぐ戦争を行い、自らの領土拡大を目指したことです。一時的な手腕については、ボルジアも目を見張らせるものがあります。しかし、フリードリヒ2世とボルジアの最大の違いは、苦難の時に信頼による周囲の助けを得られて、臣民に最後まで愛され続けたか、憎まれ滅ぼされたかの違いなのです。

「私が彼らに示したのは、君主の真の知恵とは善を行うことであり、彼らの国家のなかでもっとも完全であることであり、そして、君主の真の利益は、彼らが正しくあることを要求する、ということであった」（同書より）

リーダーの高潔さや善を目指す信念は、周囲に伝播して同じ理想を目指す人の輪を育みます。裏切りではなく、信頼と約束を守る姿勢で集団をまとめることは、その人が重ねてきた信頼によって、多くの助力を得ることになるのです。

「臣民をけっしてみずからの奴隷とみなしてはならない。彼らを、みずからの同輩と見なければならないし、ある意味では、みずからの主人と見なければならないのである」（同書より）

フリードリヒ2世は、多くの人に敬愛されながら、老衰で生涯を終えました。一方のボルジアは、教皇だった父が世を去った瞬間から四面楚歌の状態になり、自らがばらまいた怨嗟によって、瞬く間にすべてを奪われ、命を落としたのです。

卓越したリーダーの成績は、国の人口増と繁栄で測るものである

フリードリヒ2世は、君主の良し悪しを何で測るかについて、統治国の人口が増えること、その国の人たちの繁栄ぶりの2つで測るべきだとしています。

これは現代ビジネスにおけるリーダーの手腕としても、大いに参考になるものでしょ

う。より多くの人が会社に参加して、その人たちの人生と会社の繁栄こそが、リーダーの真の手腕のバロメーターなのです。

「栄光の極みとは、民衆を救済したあとで、自由を民衆に返すことである」(同書より)

すべてが理想どおりにはいかない複雑な世の中。さまざまな影響を広く与えるリーダーこそ、善なるものを目指す信念を固く持ち、人々の才能を引き出しながら自由を与えることで真の繁栄を目指すべき。

哲人王と呼ばれた人物が指摘したのは、善き人間性が悪徳に打ち勝つ道は常にあり、光り輝く道を選ぶことこそが、真のリーダーにふさわしいということだったのです。

フリードリヒ2世

プロイセン国王。フリードリヒ・ウィルヘルム1世の子。ハプスブルク家に対抗してオーストリア継承戦争や七年戦争を戦う。

11 『言志四録』（佐藤一斎）

19世紀前半

儒学者

幕末の志士たちが愛読した、自分を研ぎ澄ませる言葉

明治維新を成し遂げて、日本を新たな時代に導いた幕末の志士たち。彼らが愛読した著名な一冊から、リーダーが自分と向き合い心を研ぎ澄ます理由を学びます。

幕末の志士を生み出した、佐藤一斎の書

約260年続いた江戸幕府。1867年にその歴史に終止符が打たれます。徳川慶喜によって大政奉還が行われ、翌1868年から明治時代が始まりました。

日本の統治体制を変える流れは、長州藩、薩摩藩の志士たちの倒幕運動に始まり、内戦を含めた苦難の末に、制度疲労を起こしていた江戸幕府を瓦解させせました。

統治体制の変換という、難しい大事業を成し遂げた志士たちを精神面から支えたと言わ

れるのが、佐藤一斎の書いた『言志四録』です。

著者の佐藤一斎は、江戸末期の儒学者ですが、門下生に佐久間象山（のちに吉田松陰の師となる）など、時代を変えた多数の英才を指導しています。また、島流しにあった西郷隆盛が『言志四録』に出会い、終生本書を手離さなかったことでも知られます。

日本を新しい時代に導こうとした英傑たちが、自らの覚悟を磨くために読み続けた書。それが『言志四録』なのです。

誰もが使命、「天職」を持って生まれてくる

『言志四録』では、すべての人が天職を持って生まれてくるとしています。あらゆる人に固有の、世界に生まれてきた理由と役割があるのです。

「天はなぜ自分をこの世に生み出したのか。何をさせようとしているのか。身は天から、授かったものなのだから、必ずや天職というものがあるはずだ。だから、この天職を果たさなければ天罰を受けることになる」（『言志四録』岬龍一郎訳、PHP文庫より）

漫然と、目的も大志もなく生きてはいけないという強いメッセージ。あなたには、あなたにしかできない役割、天職があるのだから。それを見つけて、人生を完全燃焼させるべきなのだと『言志四録』は熱く呼びかけます。

社会全体が大きな変化を求めているとき、変化への希求、新たな時代を生み出す情熱や行動力は、個々の人間の中に宿ります。誰もが、新しい時代への変化の引き金になる役割を果たすことができる。幕末の志士が愛読した『言志四録』は、すべての人が自分の使命に気づき、それを果たすことを求めているのです。

大義を抱くことが、あなたを大きく成長させる

「志」とは、何を求め、何を人生で達成していくのか、ということ。

『言志四録』は、あなた自身の志をまず確立することが何より大切だとしています。

志という目的が明確であれば、あらゆる体験が学びとなり、道につながるからです。

「立派な人になろうとの強い志を立てて、それを達成しようとするなら、薪を運び、水を運

んでも学びに通じる。ましてや、書物を読み、事の道理を知ろうと、それに集中するなら、目的を達成しないほうがおかしい」(同書より)

逆に、志が確立していないと、どんなことをしても学びにならず、身につきません。強烈な目的がないと、見ても聞いても学びにつながる気づきがないのです。

「志が立っていなければ、終日読書しても無駄に終わることになる」(同書より)

学びとは、目的や志が先にあって意味を成すことであり、無目的の学習というのは無駄が多いのだ、と『言志四録』は語ります。言葉を換えるなら、目的は人を変える、目的は人を成長させる効果があるのです。

現代社会には、ある種の学習ブームがありますが、明確な目標や志を伴ったものとなっているでしょうか。学習という手段自体を目標にしていないでしょうか。自分の人生の志を決めるのは、漫然と何かを学習するよりはるかに難しく、厳しいものです。

志や人生の目標を決めるのは、自分と直面する勇気や努力が必要です。その努力や勇気があるからこそ、あらゆることを学びと達成につなげることができるのです。

●私欲をしりぞけ、自らを高め続ける意欲を持つ

『言志四録』は、指導者となる人間は私欲に溺れてはいけないと説きます。

「およそ生物は無欲になることができない。ただ聖人はこの欲をよいところに用いるだけである（中略）。舜は『心の欲するところに従って、民を治めさせよ』といった。このように聖人はみな、欲の本来の意味を十分に理解して、善い方面に利用したのである」（同書より）

邪《よこしま》な人間になるな、私欲を抑えることができない人間になるな。そのような指摘を徹底する一方で、正しい形で欲を使うことを奨励しています。だからこそ、自らが努力した結果の成功に対して、いたずらに栄誉や褒章を避ける必要はないと言っています。

人は生きている限り、必ず欲があります。その欲をすべて否定するのではなく、善い形に変えて欲を善用するのです。欲が深いことは、強い生命力を持つことでもあるからです。

●後ろめたい人生を送ると、明るい場所が怖くなる

徹底して、自らを磨き、自らを律して学び続けること。

幕末の志士を支えた名著『言志四録』は、読む者が自分自身と対面すること、自分を知ること、自分を磨き続けることを要求します。

一方で、中国の孫子の兵法にあるような「敵を知り、己を知れば」の「己を知る」という要素ばかりが目につき、「敵を知る」という要素はほとんどありません。

その意味で、幕末期に活躍した志士の多くが自己修養書『言志四録』と、当時最新の科学だった西洋兵学を併せて学んだ者たちだったのは、偶然ではないでしょう。

精神的な修養に併せて、最新の技術を最大限活用したからこそ、そのような者たちが旧弊に打ち勝ち、新しい時代を築いたのです。


もう一つ、『言志四録』を読んで痛切に感じる点は、後ろめたい人生や後ろめたいことに手を染める無益さです。リーダーが私欲や私情に溺れて、後ろ指をさされる行動を続けていれば、自分の後ろめたい行動ゆえに、明るい場所が怖くなっていく。

そのような後ろめたい行動がある人物は、なんらかのチャンス、絶好の機会に巡り合っ

ても、表舞台に出て行くことを恐れます。自分の汚さを自覚しているためです。
だからこそ『言志四録』はリーダーに清廉であることを求めており、絶好の機会、どんな大きな表舞台を前にしても、恥ずべきことが一片もない状態で堂々と飛び出せる者として、自らを磨いておくことを奨励しているのでしょう。

表面的で薄っぺらな人生を送らないために

『言志四録』は、リーダーとなる者に〝逃げるな！〟と何度も呼びかけます。
では、どのようなことから逃げてはいけないとこの書は指摘しているのか。

【リーダーが直面・自ら対決すべきこと】

○自分だけの志、人生の目標を決めること
○我欲、私欲に負けず、自らを高め続けること
○年齢を重ねても、学ぶことを止めないこと
○頭を古いまま放置せず、頑固頑迷な人間にならないこと
○どうしても果たすべき、自分の天職に気づき行動すること

○日本社会、世界をより良いものにするための、良識人であること

自らを磨きながら、天職を知り、自らの果たすべき役割を成し遂げる生き方。『言志四録』は、リーダーに勇猛果敢な生き方を求めてくるのです。

「やむにやまれなくなって、花はつぼみを破って咲くのである」（同書より）

あなたでなければ、どうしても果たせない役割に気づくこと。いつか必ずやってくるその大舞台で、堂々と最高の役割を果たして自分の人生を素晴らしく完成させること。

幕末の志士が愛読した名著は、この時代を生きるあなたに、偉大なリーダーとして生きる道を示してくれるのです。

佐藤一斎

江戸時代後期の儒者。岩村藩家老佐藤文永の次男。林家の塾頭を経て昌平黌教授となる。朱子学と陽明学を折衷した学風で、門人に渡辺崋山や佐久間象山らがいる。

第5章

近代の名著

近代以降の過程で、次第に**王族や貴族ではない平民から、時代を変える偉大なリーダーが生まれるようになります。**

『自助論』は、難しい時代の中で自分をどう律するかを説いていますが、このような書がベストセラーになる背景として、時代の変転によって多くの人が難しい状況、難しい人生に追いやられたことを暗示しています。時代の変化を嘆き、混乱するのではなく、沈思黙考して自らを磨き直すことで、新しい時代の成功者になる。これらの書が提示するのは、簡単な道ではありません。しかし、簡単でない道を歩む勇気と決意がある人こそが困難を乗り越えて、次の時代を創り上げ、豊かさを掴む。これはあらゆる歴史の不変の真理であることも、また事実なのでしょう。

フィヒテの『ドイツ国民に告ぐ』は、フランス革命の威力を目の当たりにしたドイツのフィヒテが、国民の力を集結させることでドイツ復興への希望の道を示した書です。そこには身分の違いではなく、国民意識の差によって国の繁栄が決まるのだというフィヒテの強い思いが込められています。この書は、のちにドイツの独立を成し遂げる原動力となり、ドイツ国民が自らの意志で歴史を刻むことを可能にした革命的な存在となりました。

どの時代でも、困難の中でこそ優れたリーダーが輝きを増すことは不変の真理です。この真理の実践には、チャンスを待つ忍耐力も必要です。なぜならば、次の時代を切り開くような大きな変化は、時代の趨勢としての力学が欠かせないからです。向かい風から追い風に切り替わるときを待ち、切り替わるタイミングで明確な一歩を記す。時代の変化を乗り越えるリーダーに必要な要素、必要な行動原理を、本章の紹介書籍は教えてくれているのです。

12 『自助論』（サミュエル・スマイルズ）

1859年刊

作家・医師

困難に立ち向かう者こそが成功する

リーダーは人を導き、時に励まさなければなりません。ではリーダー本人は、誰に導いてもらうのか。世界的な名著『自助論』は、それはあなた自身だと教えてくれます。

苦難は、それに立ち向かう人を成長させる

真理でありながら、現代ではあまり伝えられないことがあります。苦労をしたり、壁にぶつかった者は、それを乗り越えたとき、新たな力を身につけることです。

苦労や困難、不運を経験したとき、「なぜ自分が？」と嘆き苦難から逃げ出すことばかり考えれば、その人の進歩はなく、敢然と立ち向かえば、新たな飛躍が訪れる。

このシンプルで奥深い真理を、著名人の人生をもとに多角的に教えてくれるのが「天は

自ら助くる者を助く」という言葉で有名な『自助論』です。

著者のサミュエル・スマイルズは1859年に本書を出版。イギリスを中心に名を成した人たちがいかに努力と勤勉を続け、彼らの成功を生み出したのかを語っています。ニュートンから思想家ヴォルテール、多数の画家、名将ウェリントンなど、実に様々な人物が登場します。本書の特徴は、才能ではなく努力と忍耐、時間管理などの自己規律こそが、人に偉大な成果を生み出すと主張していることです。

「ある人は『天才とは常識の権化である』と定義づけた。また、ある大学の高名な学長は奮励努力しようとする意欲のことを天才と呼んでいる。さらに、随筆家ジョン・フォスターによれば『天才とは人間の内なる情熱の炎を燃え立たせる力である』という」（『自助論』竹内均訳、三笠書房より）

また本書は、逆境を逆境としない、という生き方のコツも教えています。

アメリカの鳥類学者オーデュボンは、秘蔵の鳥のスケッチ200枚を木箱に詰め、親類に預けました。貴重な研究資料だと伝えたはずが、数カ月の仕事から戻ると、木箱の中にはネズミの親子が住みつき、彼の絵はすべてズタズタに食いちぎられていました。

あまりのショックでオーデュボンは卒倒し、三日三晩も寝込みますが、やがて気を取り直して猛烈な勢いでスケッチを再開。3年もたたないうちに、失った絵よりも多くのスケッチを彼は完成させます。逆境は毅然と立ち向かえば、貴重な機会となるのです。

真に成功するために不可欠な王道

『自助論』の主なメッセージを5つにまとめると次のようになるでしょう。

①困難に際して自分を助け、立ち向かう者に幸運は味方する
②正しい秩序を持った生活こそ、長期の成果を生み出す
③チャンスや幸運はいつも近くにある。それに気づきなさい
④貴重な時間を無駄にせず、日々有益に使い学び続けること
⑤優れた人や書物に出会い、正しい人生を送ること

「幸運の女神を抱きとめようと虎視眈々と狙っていれば、きっと驚くほどの成果が得られるだろう。チャンスは、いつもわれわれの手の届くところで待っている。問題は、それを機敏にとらえて実行に踏み出すかどうかなのだ」

「時間を正しく活用すれば、自己を啓発し、人格を向上させ、個性を伸ばしていける。（中略）一時間といわず、一日のうち十五分でもいいから自己修養に向けてみるがいい。一年後にはきっと確かな効果が現われるはずだ」（ともに同書より）

努力は報われる、とは使い古された言葉です。しかし成功している人、特に長い時間継続して成功を収めて高く評価されている人ほど、この基本を固く守っているのではないでしょうか。現代ではあらゆる情報が簡単に手に入ります。そのため、安易な成功法、成功術を求める人が後を絶ちません。しかしそのような人は成功が続きません。

本当の実力、本当の人間としての強さは、あらゆることにきちんと取り組み、自らの時間を無駄なく効果的に使い、この一日にも学び、修練を欠かさないことから生まれます。『自助論』が世界的なベストセラーとして読み継がれているのは、真に成功するために不可欠な王道を、今も私たちに伝えてくれているからなのです。

ビジネスを成功させる永遠の原則とは？

スマイルズの『自助論』のもう一つの特徴は、「仕事と実務の能力を磨き続けることが、人間の修養として何より大切だ」と語っていることです。

精神を磨くことは、日々の実務的なことを学び、成果を極めていく歩みの中にあるのです。彼はビジネスを成功させる６つの原則として「注意力、勤勉、正確さ、手際のよさ、時間厳守、迅速さ」を挙げています。

ウェリントンは、ナポレオンの天下を終わらせたイギリスの名将にして英雄です。彼は実務家としても一流で、軍の事務処理と統率のまずさが将兵の士気に大きく影響することを知っていました。実務の能力の高さは、リーダーの統率力を高めるのです。

スマイルズはまたビジネスに成功するコツは、相手に得をさせることだとしています。「人と交際するときは、多少なりとも相手に得をさせるほうがよい。相手の便宜を計り、何でも十分に与え、決してもの惜しみをするな。そのほうが結局は自分の得になるのだから」と。

有名なビール業者が、ビール製造にモルト（麦芽）を惜しまず使ったことでコクが増し、イギリスはもとより海外でも大評判となって成功した事例を紹介しています。価格以

逆境を逆境としない5つの生き方

1
困難に際して
自分を助け、
立ち向かう者に
幸運は味方する
2
正しい秩序を
持った生活が
長期の成果を
生み出す
3
チャンスや幸運は
いつも近くに
あると気づく
4
貴重な時間を
無駄にせず、
日々有益に使い、
学び続ける
5
優れた人や
書物に出会い、
正しい人生を送る
真に成功するために
不可欠な王道を
示している

苦難に敢然と立ち向かえば新たな飛躍を手にできる。

上の品質、期待以上のサービスが結局は利益に結びつくのです。

私たちは、製品やサービスを購入してくれたお客様に「お得だな」と感じさせているでしょうか。サラリーマンの場合、雇用してくれた会社に「彼を雇って正解だな」と判断させているでしょうか。相手に得を与える者こそが、長く繁栄できるのです。

150年間読み継がれ、無数の成功者を生み出した書

「向上心に燃えた有能で勤勉な人間には、〝ここで行き止まり〟という柵は立てられない」(同書より)

右は『自助論』に紹介されている作曲家ベートーベンが好んだという言葉です。この言葉からもわかるように、『自助論』には熱い想いを秘めた言葉が溢れています。

『自助論』は過去150年間、困難に出会った人の心を支え、正しい努力と自己規律という正道にその人を戻してきた書籍です。

現代はますます変化のスピードが速い世界となっていますが、私たちが人間同士で社会

を構成している限り、人が本当の意味で成長する方法はそれほど変わっていません。「天は自ら助くる者を助く」。この言葉はスマイルズの書が世に出てからずっと、困難を前に人の心を鼓舞し、目の前に立ちはだかる壁を乗り越えさせてきたのです。

リーダーは人を率いながら、自らを律すべき難しい立場です。そのために役立つ言葉に出会わせてくれ、情熱を掻き立て意欲を与えてくれるのが、名著『自助論』なのです。

サミュエル・スマイルズ

1812年生まれ。もとは医師だったが著述家として活動を始める。世界中で読まれている『自助論』は、1871年に翻訳書として日本にはじめて紹介された。

13

『ドイツ国民に告ぐ』(ヨハン・フィヒテ)

1807～1808年

哲学者

分断され抑圧された、ドイツ民族を結び付けた希望の書

人はなぜ集団となるのか。民族や国家はどんな存在なのか。自分以外の何かを追求することで、利己心を越えた価値ある未来を手に入れる道がある。

●ナポレオンの侵略により、分断されたドイツ民族

フランス革命の最中、軍事的な才能をもとに台頭したナポレオン1世。彼は対仏大同盟を何度も打破する過程で、ドイツ人の国家である神聖ローマ帝国を事実上解体します(1806年のライン同盟)。

哲学者フィヒテは、1762年に神聖ローマ帝国に生まれました。カントなどの指導の

下に哲学を学び、フランス軍が拡大を続ける1807年、祖国の復興とドイツ民族の団結のため、教育の重要性を繰り返し訴えた白熱の講演をベルリン大学で行います。

全14回のフィヒテの講演録が、のちに書籍『ドイツ国民に告ぐ』となりました。

フィヒテは、民族が国家と主権を失うとき、民族固有、自己の祖国としての歴史を持つことができず、外国の歴史の中に自分の年数を数えることになると指摘しました。

当時のドイツ人とプロイセン帝国の状況は、フィヒテや同胞のドイツ人にとって、まさに屈辱的だったのでしょう。フィヒテの講演は高い名声を博し、当時のプロイセン皇帝ヴィルヘルム3世は皇后ルイザを連れて足を運び、フィヒテの講演に深い感銘を受けたことが書籍『ドイツ国民に告ぐ』（石原達二訳、玉川大学出版部）の序文に紹介されています。

●フィヒテは、『ドイツ国民に告ぐ』で何を語ったのか？

ナポレオンに武力で負けたプロイセン帝国の状況について、国民が利己心ばかりを刺激されているとフィヒテは訴えます。利己心ばかりを高度に発達させるのは、ドイツ民族にとって危険なのだと指摘したのです。

「利己心は最高の発展をとげることによって自滅し、また自分自身以外には何ら他の目的を自らすすんでたてようとしない人々には、外国の力によってこのような他の目的が押しつけられるという結果が生ずるのである」

「祖国のための戦いに於いて武器を投げ捨てた人々も、外国の軍旗の元に祖国に向かって勇敢に武器を採ることを学ぶのである」（ともに同書より）

なぜ利己心が高度に発達することが、民族の自滅を招くのか。フィヒテは、自分のことのみ、自己保身のみを考える人たちは、集団全体に有益な目標を考えて追求しないことで、かえって自分たちの未来を損なうと指摘したのです。

これはビジネスの世界でも同様でしょう。チームや組織で仕事を完成させるべき場面で、自分一人の利益や自分の手柄ばかりを追いかけるなら、同僚や部下の信頼を失い、あなたの成功に協力する人はいなくなります。

組織に所属していれば、イヤでも集団の成功や失敗が、私たちの人生に影響を与えます。個人を超える集団の未来を設計し、集団としての成功を生み出すことは、ひるがえって所属する個人の豊かさや幸せ、自由をもたらすことになるのです。

フランスに祖国を破壊され、当時のドイツ民族は無力感に苛まれていたはずです。不安の多い社会情勢の中で、民族全体の未来を考えずに、個人の利己心だけを発達させれば、局所最適化の罠に陥り、ドイツ人は民族の自立や国家の主権を失ってしまい、外国に操られてやがて（ドイツ民族固有の意識も含めて）消滅してしまう。

『ドイツ国民に告ぐ』は教育の書といわれます。しかし実際にフィヒテが魂の叫びとしてドイツ人に伝えたのは、存亡の危機に直面するドイツ民族全体が一致団結して、自らの未来を切り拓く必要性だったのです。

分断されていたドイツ人は、なぜ奮い立ったのか？

外国に半ば支配されている悲惨な状況。しかしドイツ民族の自主自立を改めて達成することは、大変困難だが十分に可能な目標だとフィヒテは聴衆に訴えます。

「こんな状態から起き上がることができるのは、1つの新しい世界が開けてくれて、その世界をつくり出すと共に、新しいそれ特有の時期をつくり、その新しい世界の育成と共にこの時期を充実させるという条件のもとに於いてだけであろう」

「一言でいえば、私がドイツ国民の生存を維持するための手段として提議したいことは、従来の教育制度の完全なる変革である」（ともに同書より）

フィヒテは教育の刷新こそが、ドイツ民族が再興する道だと提言します。

彼は、旧来の教育が個人の才能発揮や個人の業績などを主眼にしたのに対して、「国民教育」つまり、ドイツ人としての自意識を持ち、ドイツ人の主権国家を再び取り戻す意識を当然のように持つ、ドイツ人への国民教育の必要性と効果を説いたのです。

未来を現実として変えるためには、現実が変わる前に「心の中に明確な絵図」をまず描かなければいけないとフィヒテは言います。ドイツ民族の国民教育、新しい教育にはこの絵図を描く能力を生徒に持たせることも大切だとしています。

フィヒテは、自らの講演自体にも、「未来の絵図」というコンセプトを使っています。ドイツ国民が主権を取り戻し、自らの国家を再び確固たるものとして創造する、という絵図を、彼の演説を聞いた聴衆、そしてすべてのドイツ国民の精神の中に植え付けたのですから。講演から約10年後にフランスの影響をすべて排除したプロイセン王国は、フィヒテが全ドイツ人に与えた絵図を完成させることに成功したのです。

フィヒテが全ドイツ人を揺り動かした「講演の焦点」

フィヒテの『ドイツ国民に告ぐ』は、彼自身が最大の影響を発揮した書籍であるとともに、現在に続くドイツ民族を形作ったと言われています。

たった一人の哲学者が、これほど巨大な影響力を発揮する講演をできた理由はどこにあったのか。

理由の一つは、フィヒテが徹底して「全ドイツ人へのメッセージである」ことを明確に伝えていることでしょう。彼の講演は、誰を対象とした言葉と提言であるか、何度も繰り返して伝えています。

「私はただ単にドイツ人のために講演し、ただ単にドイツ人についてのみ講演するのである」

（同書より）

民族を消滅させたいと狙う外国の勢力は、まずその「自国民という意識・自己認識」を破壊しようと狙います。そのため、自分個人のことしか考えない利己心を奨励して、自分だけが得をするという発想が効果的だと宣伝します。

しかしフィヒテは、ドイツ人が同じ同胞、同じ民族だという自己認識を持つことで、自己の主権を取り戻し、祖国を復興できるという強烈なメッセージを伝えます。そのために、ドイツ人の歴史的由来や民族の特徴、思想傾向の独自性、ドイツ語の重要性を詳細に解説しています。

同じドイツ人という視点に立ち、演説が「あなたの問題を解決するための提言なのだ」とフィヒテは繰り返します。人は、究極のところ自分自身の問題にしか関心を持ちません。一方で、民族の自立がまさにドイツ人にとっての〝自分の問題〟であれば、聴衆は、フィヒテの講演を真剣な思いで受け止めざるを得ないのです。

民族が自立し、自己の主権を持つ国家を確立しておくべき理由は何か。小さな個が同じ枠組みの中で集結し、団結をして同胞を守るルールを持たないと、強大な権力や軍事力、政治力を持った外国勢力から、好き放題に蹂躙されるからです。

個が尊重されること、個人の自由は重要です。しかし、この世界では巨大な権力や外国勢力が存在し、あなたが特定の国の国民として団結して同じ民族を守る、という意識を持たないと、何ら保護のない一人の状態で、巨大な外国勢力の支配の力に直面せざるを得ません。このような不利な構造の戦いには勝てないから、民族は集まるのです。

自分の運命を他者に支配されるな、という強烈なメッセージ

リーダーシップという観点からすると、フィヒテは聴衆に当事者意識を植え付けました。フィヒテが語る問題点と解決策は、聴衆である全ドイツ人の問題だからです。

そのうえで、彼の講演の中心点は、私たちが抱えている問題は必ず解決できるという信念とその道筋です。

「この講演の一般的な目的は、打ち砕かれた人々に勇気と希望を与えることであり、深い悲

しみの中に喜びを予告すること」（同書より）

自分たち（聴衆）の問題を、自分たち（聴衆）にプラスになる形で語り、その解決策を提示しながら強い信念でこれは達成できると伝えるリーダー。そのような人物の言葉ならば、聴衆は一言も聞き漏らすまいと真剣に耳を傾けるでしょう。

フィヒテはドイツ民族を救おうとして、全ドイツ人の当事者意識に訴えました。その講演が、荒廃と分断の中から新たなドイツを再興させた歴史的事実からも、リーダーが学ぶべき点が多数ある、強烈なメッセージを彼が生み出したと言えるのです。

フィヒテの民族主義的な主張は、約100年後にドイツの過度なナショナリズムと、侵略戦争を生み出したとする指摘があります。しかしフィヒテはドイツ人としての誇りを喚起する一方で、他民族を踏みつけることで利益を得たり、他民族を貶めることで優越感を持つことを一切主張しませんでした。民族としての誇りを持つことと、他民族を貶め、他民族を踏みつけにすることで利益を得ようとする思想は、きちんと区分すべき存在だと本書は判断しています。

ヨハン・フィヒテ

ドイツ観念論を代表する哲学者。ナポレオン1世によるフランス支配下のベルリンで『ドイツ国民に告ぐ』を講演し、国民の愛国心を鼓舞した。

14 『支配の社会学』（マックス・ウェーバー）

20世紀前半刊

社会学者

官僚制組織の能力と、その問題点とは一体なにか？

支配と統治の規模が拡大すれば、大量の問題へ効率的な処理が要求されます。大量問題の一律処理を実現する官僚制に関するマックス・ウェーバーの議論。

● 支配の正当性と、3つの分類

1864年にプロイセン王国で生まれたマックス・ウェーバーは、社会学、政治学の分野で多くの業績を残しました。西洋社会の特徴を「合理化」として、多くの社会構造を分析しています。多数の歴史、社会を比較分析したウェーバーは、『支配の社会学』の中で「支配」という状態について次のように述べています。

「支配は、支配者と被支配者とにおいて、権利根拠、つまり支配の「正当性」の根拠によって、内面的に支えられるのが常であり、この正当性の信念を動揺させるときは、重大な結果が生ずるのが常である」（『世界の大思想〈第23巻〉マックス・ウェーバー　政治・社会論集』阿部行蔵訳、河出書房新社より）

つまり、支配には「支配の正当性」が強く要求され、正当性が強固なほど支配は安定する。正当性が揺らぐとき、その支配も揺らぐと彼は指摘したのです。支配の正当性根拠という観点から、ウェーバーは支配の型を3つに分類しています。

①合法的支配
②伝統的支配
③カリスマ的支配

合法的支配は、現代政治や資本主義経済における株式会社なども含みます。法的な根拠により、支配の範囲が決定されている形です。

伝統的支配は、昔からある秩序と支配権力の神聖性が信じられることで成立する支配。

カリスマ的支配は、支配者の人物の天与の資質（カリスマ）に対して、被支配者が情緒的な帰依をすることで成立する支配です。

①は法律が正当性を、②は伝統が正当性を、③はカリスマへの情緒的な帰依が、正当性を担保している形です。

この分類からも、人間社会における支配と被支配は「支配の正当性」を通じて成立していることがわかります。

支配が拡大する時代に出現した、官僚制組織

中世から近代に移行する過程で、支配の規模（サイズ）は飛躍的に大きくなりました。中世では、王家を中心として各地域に王から認められた貴族が独自の領地を支配している形式が多かったのですが、現代では一国を一つの政府が統治して、法治は一律にその国家に適用されています。1つの体制による支配範囲が、各段に広がったのです。

「行政の官僚制化の本来の地盤は、古来、行政事務の発達の特殊な態様に、しかもまず第一には、その量的発達にあったからである」（同書より）

中央集権、あるいは拡大された支配に対して、支配によって生じる諸問題を効率的に処理・解決する必要が出てきます。この問題に対処するため生み出されたのが、官僚制組織だとウェーバーは指摘します。

【官僚制化の6つの前提】

①貨幣経済の進展
②行政事務の量的発達
③行政事務の質的変化
④官僚制的組織の技術的優秀性
⑤行政手段の集中
⑥社会的差別の水準化

貨幣経済の進展は、官僚制度組織の恒常的な収入を裏付けます。
行政事務の量的な増加は、効率的な処理の必要性を生み出したという意味で、官僚制組織の成立前提です。

広い地域を強固な治安と行政で治めていくことは、高度で複雑な作業を必要とします。そのため、専門的な職務を持つ人を集めて官僚制の組織を作り対処するという必要性が出てきます。④は官僚制的組織が、前述の職務を遂行する上で、適する要素を備えていることです。⑤は分業化が進むことで、管理が集中的になされること。⑥の「社会的差別の水準化」は、被支配者側の権利の平等という観点から、被支配者の立場の違いを一定の水準で捉えることを意味します。

官僚制は、国家や行政組織に限りません。米国のGMなど巨大組織でも、官僚的な組織は存在すると言われます。管理（支配）が巨大なサイズに膨れ上がると、特定の機能を大量に果たすため、その機能に特化して、同一基準で実務処理に優れた組織をつくり出す必要があり、それが官僚制組織の必要性にむすびついていくのです。

官僚制組織は、永続的な性格を持つ（破壊することが難しい）

ウェーバーは、官僚制組織がひとたび完成されると、排除を許さない極めて強固な存在になってしまうと述べています。

「ひとたび完全に実現されると、官僚制は最もうちこわしがたい社会組織の一つになる」

「完全に発展した官僚制の勢力は、常にきわめて大きいものであり、通常の事情の下においては卓絶したものである」（ともに同書より）

複雑な各職務の遂行に特化した組織は、それなくしては行政統治が不可能になる、という状況を生み出します。中世の王国などで、国王が死去することで代替わりをしても、統治組織自体は前王から引き継がれ、変わりなく政治と支配が行われるようなものです。これは現代政治でも同様で、政権が交代しても官僚制組織や行政組織はまったく変わらず、継続して運営されていきます。

一方で、極めて強固な存在であるがゆえに、ブラックボックス化や、ある種の権力の温床にもなっていきます。理由は、特殊な問題に対処を続けている専門家集団の組織が、その業務内容や特殊な知識を、外に公開しないで秘密にすれば、秘密を知らない者には問題への処理方法が分からず、官僚制組織を頼る以外に道がないからです。

「すべての官僚制は、職業的消息通のもつこのような優位を、彼らの知識や意図を秘密にするという手段によって、更に一層高めようとするものである」(同書より)

官僚的組織のリーダーが、意図的に組織内の運営情報を知らせないならば、ブラックボックス化は比較的容易であり、機密ゆえに排除することが不可能な存在にもなりえます。結果、名目上の支配構造を超えた、隠然たる権力を握るようになるのです。

官僚制の逆機能という問題点

官僚制は、大量に同一の基準で問題を処理するという観点から、通常個人の主観を排除して、規則や通達などの文書的ルールで運営管理されます。

そのために、官僚制組織が硬直的に歪むと、本来の目的よりも、文書で書かれた規則ばかりを優先して、人間的な判断ができなかったり、かえって問題の処理能力を失う可能性が出てきます。それを「官僚制の逆機能」と呼びます(「官僚制の逆機能」は社会学者ロバート・マートンにより指摘されています)。

先に挙げたブラックボックス化が進めば、特定の官僚組織には隠然とした権力が生まれます。自分たちが手にした権力を守るため、行政における決定や運営を歪ませるリスクも拡大するでしょう。

個人の主観を排除しながらも、同一基準で高い専門性を誇り、大量の問題を処理していく組織。官僚制はその機能的特化ゆえに、致命的な問題点もはらみます。

時代の変化で社会や行政組織が直面する課題も変わります。しかし、一度確立された官僚制組織は、それ自体で「自己保存」の要望を持つのです。そのため、組織の改編や一部部門の解体などに、（その組織関係者は）激しく抵抗することにもなるでしょう。

場合によっては、官僚制組織は自己保存のために、ありもしない問題自体を自分たちで作り上げてしまうかもしれません。理由は、自己の存在理由を立証するためです。

巨大組織の官僚制に関する問題は、政治だけではなく、大企業でも発生しています。これまで述べてきたような、特定機能や役割に特化しているゆえに生み出される各種の歪みや非効率を解決するため、多くの経営手法が知恵を絞っているのです。

●自転する巨大組織、その閉鎖性と特権

「組織は自転する」と多くの場面で指摘されます。組織それ自体が、昨日と同じ今日を実現するために、半自動的に（ある意味で何も考えず）動き続けようとするのです。

機能や役割に特化した組織は、その役割が今日も明日もあることを前提に設計され、運営されているがゆえに、その役割が明日なくなるという事態への対処が苦手です。

個人の主観を排除しながら、高度な役割を果たす官僚制組織は、支配エリアの拡大によって世界中で採用されています。一方で、私たちは官僚制組織の問題点にも直面しており、経営者は日々より優れた対処法を探索しているのです。

官僚制組織は、その目的や役割、優れた機能により、必要不可欠な存在になっています。だからこそ、リーダーは巨大組織にまつわる問題点や歪みにも、広く精通しておく必要がある時代となっているのです。

マックス・ウェーバー

ドイツの社会学者。主著に『プロテスタンティズムの倫理と資本主義の精神』で、資本主義の成立とプロテスタンティズムとの関係性を考察。その他、官僚制やカリスマ的支配についても研究・提唱。

第6章

産業革命後のマネジメント書

本章では、**産業革命の結果として生まれた新しいリーダーシップについて紹介していきます。** 19世紀の産業革命は、巨大工場のような大規模な生産設備を生み出しながら、労働者を広く消費者に変える社会的な作用も果たしました。

『科学的管理手法』を著したテイラーは、労働者の生産性に革命的な変化をもたらしました。テイラーが説いた、課業管理と目標設定は現代のリーダーにとっても極めて重要な役割です。一人のリーダーの英知と運営方法が、多くの人の働き方に影響を与える時代が約100年前に到来したことを示しています。それ以前に比べて、すべてがより大規模になったのです。

また、20世紀の始まりと同時に、石油と自動車の時代となり、自動車生産の技術で卓越した英知を発揮したヘンリー・フォードは時代の寵児となります。彼は農場生まれの青年であり、貴族や王族ではありません。しかし彼の新しいリーダーシップと経営の概念は、アメリカの労働者を豊かな消費階級へ変えたという意味で、文字通り世界を大変革することになりました。産業革命は、身分の違いを超えて、大規模生産を成功させた者を世界的なリーダーに押し上げたのです。

15 『科学的管理法』（フレデリック・テイラー）

1911年刊

コンサルタント

作業構想を事前に決め、生産性を高める

約100年前に工場労働者の行動分析を行って生産性革命を起こしたフレデリック・テイラー。彼の科学的管理法の現代における意義と、課業管理の重要性を学びます。

3年で出来高を2倍にした男

フレデリック・テイラーは、1856年にアメリカのフィラデルフィアで生まれます。弁護士だった父の跡を継ぐためハーバード大学の法学部に合格するも、目の病気のため弁護士の目標を断念。1878年に、ミッドベール・スチールの機械工場で働き始めます。

テイラーは優秀だったため、しばらくして旋盤部門の作業長に抜擢されました。ところが昇進直後に労働者たちがテイラーの前に現れて、次のように話したのです。

「フレデリック、昇進おめでとう。みんな、とても喜んでいる。ところで、職場のルールはよく知っているだろうから、間違っても出来高を増やそうと、やっきになったりしないだろうな。みんなと足並みを揃えてくれれば、すべて丸く収まるはずだ。だが、みんなで決めた出来高を無視したりしたら、きっとここから放り出してやる」(『新訳 科学的管理法』有賀裕子訳、ダイヤモンド社より)

テイラーはこれに驚きますが、自分はマネジメントする側だから、成果を上げるために努力を惜しまないと答えます。もともと旋盤工たちとは友人だった彼ですが、次第に対立は激化。テイラーの方針に反発したある者は工場から退職し、残った者はやがて生産性を上げざるを得ない状況で努力を始めます。

3年が経過し、出来高は約2倍にまで高まります。しかしテイラーは周囲の人間との間に生じた軋轢《あつれき》を振り返り、マネジメントの本格的な改善に着手し始めたのです。

●労働者側の、怠ける具体的な動機と理由

テイラーは著作『科学的管理法』で、自身のマネジメント改善法は、労働者を酷使するものではなく、また高めた労働の成果を搾取するものでもないと強調します。しかしマネジメントが不適切であれば、労働者側に「怠業」つまり怠《なま》けたいという欲求を発生させるのは当然のことだとも指摘しています。

【労働者側が怠ける理由】（同書より要約）

①働き手たちの間には「1人当たり、あるいは機械1台当たりの生産量が増えると、いずれは大勢が職を失うことになる」という誤解が、太古の昔からはびこっている。

②一般的なマネジメントの仕組みの欠陥のため、働き手が自分の最大の利益を守るために、仕事を怠けたり、作業のペースを落とさざるを得ない状況が生じている。

③産業界においては、非効率な経験則がいまだにほぼあまねく行き渡っており、それをそのまま実践しているため、働き手の努力のほとんどが水泡に帰している。

テイラーは「出来高払いの問題」を特に指摘しています。記録的な成果を上げると、そ

の高い数値が出来高の基準になってしまうことを労働者が恐れるからです。

実際に高い成果を上げると、雇用者は作業単価を引き下げます。それが2、3回も続けば、労働者側は手抜きをしてなんとしても賃下げを防ぐ決意を固めるのです。

一方で生産性を高める努力の放棄は、雇用者側のマイナスである上に、市場競争に負けることを意味します。

では、労働者と雇用者の利益は永遠に相反するものなのか。そうではない、とテイラーは指摘します。第3の方法、それが100年前に彼が提唱した科学的管理法なのです。


「最善の手法や道具を見つけたり発明したりするには、すべての手法と道具を対象として科学的な研究や分析を行い、併せて緻密な時間・動作研究を行うしかない。こうして、機械を用いたすべての作業に、経験則に代えて科学的な手法を少しずつ取り入れていくのだ」（同書より）

まず労働者の作業内容や環境を精緻に分析することで、少ない疲労で多くの成果を成し遂げる条件を見抜きます。その条件が活かされて改善された生産性の恩恵は、消費者・労働者・雇用者の3者で配分する形にすることを、テイラーは理想と考えたのです。

マネージャーがやるべき4つの任務とは？

では、科学的管理法をマネジメントに導入するには、何をすればよいのでしょうか。テイラーはマネージャーの4つの新しい任務として、次のリストを掲げています。

【マネージャーの4つの新しい任務】（同書より）

①一人ひとり、一つひとつの作業について、従来の経験則に代わる科学的手法を設ける。
②マネジャーが科学的な観点から人材の採用、訓練、指導などを行う。
③新たに開発した科学的手法の原則を、現場の作業に確実に反映させる。
④マネジャーと最前線の働き手が、仕事と責任をほぼ均等に分け合う。（中略）マネジャーに適した仕事はすべてマネジャーが引き受ける。

科学的管理法の最大の持ち味は「（最適な）作業の構想を事前に決定しておくこと」にあるとテイラーは語ります。一人ひとりの作業構想を遅くとも前日までにマネージャーが完成させておき、リストを元に作業者に行動させるのです。そして最適な作業構想を完成させるには、作業者の動作と仕事内容の精査・分析が不可欠なのです。

テイラーの著作では様々な成功事例が紹介されています。レンガ積みの作業では、職人の作業速度や疲労度を観察して、レンガ、モルタル、道具などをどの位置に、どれだけ配置しておくことが最適かを決定し、職人の動作も最適化を行いました。

レンガを固定するモルタルは、レンガを置いたあとに、上から押さえる作業が必要ない粘度に調整することまでしています。必要な作業を削減するためです。

結果、一つのレンガを積む作業の工程を18から5に激減させることに成功します。場合によってはたった2つの動作でレンガを積むことさえ可能になったのです。

作業の管理ではなく、何を目指すかの管理へ

テイラーの提唱した科学的管理法は、非常に合理的な視点から労働を分析しており、その鋭さは現代でも納得感の高いものです。しかし、彼の掲げた理想とは別に、テイラーの管理法では解決できない事象があることに、読者は気付かれたかもしれません。

以下の2点は本書の分析です。

①労働者と雇用者の敵対関係

テイラーは科学的管理法で労働者の勤務状況が合理化されると、生産量が増えて売上も増加するとしました。その上、科学的管理法の導入で実現された利益は、消費者・雇用者・労働者のそれぞれに分配されて、3者の幸福度を高めるのだと主張しました。しかし現在まで、労働者と雇用者が対立を続けている職場は多く存在しており、労働者の科学的な管理が、必ずしも幸福をもたらすとは言えないと感じる人は残るでしょう。

②生産量と付加価値のズレ

20世紀初頭のように、大量生産した製品が直《ただ》ちに売れたり、単価を下げる合理化により売上が増加することが、現代では少なくなっています。飽和・飽食の時代で、単価が下がっても売れないことも多いのです。製造や労働の合理化と同じかそれ以上に、「何を作るか」「何を行うか」の決断が付加価値を大きく左右する社会が到来しています。

そのため、製造効率と働き方のみに焦点を合わせることは非合理的となっていかざるを得ません。

別の見方をすれば、テイラーの科学的管理法を製造だけではなく、思考や概念化などの頭脳労働にも適用し始めているのが現代とも言えます。

どんな思考過程がヒット商品の開発につながったのか。広く浸透したサービスはどのような視点から生み出されたのか。手足を動かす作業ではなく、頭脳を働かせる作業にこそ、テイラーの科学的管理法の真髄が、今後さらに活用されていくのではないでしょうか。科学的管理法は100年を超えた今、より創造的な活用が求められるのです。

課業管理＋目標設定は、リーダーの基本業務にして最大の役割

テイラーが100年前に提唱した科学的管理法は、マネジメントに革命をもたらしました。ポイントである課業管理の概念は、適用方法を工夫することで、現代でも様々な分野で生産性を高める武器となるはずです。

【科学的管理法のポイント】

①管理側が作業内容を深く理解するため観察・分析を行った

②業務内の無駄を省くため、作業環境を改善した

③優れた仕事に必要な「資質」を明確にして人材を取捨選別した

テイラーは著作で「労働者の生産効率が上がらない理由の半分は、管理側が部下の仕事を精緻に理解していないからだ」と指摘しています。生産効率を上げるには、まず上司の側が、部下の仕事を精密に理解し、（成果を伸ばすために）部下に何を課すかを熟考して、上手く設定することが重要なのです。

特に現代では、「何のためにやるか」「何を目標に設定して進めるか」が成果に極めて大きな差を生み出す要素になってきています。

先ほど、テイラーの時代からの変化として、「作業のみではなく、頭脳労働での効率化」の必要性も指摘しました。安く高品質なモノを大量に作るだけで、売上が増加する時代は終わったからです。科学的管理法の3つのポイントは、頭脳労働においても成果を改善するための分析が可能なことを教えてくれます。

生産性改善のきっかけは、部下に仕事を課すリーダー、マネージャーから始まります。このような役職にある人たちが、部下に課す仕事を分析する、部下の仕事ぶりを精密に観察することで、仕事を与える側と実施する側が共同して改善に取り組むのです。

テイラーの科学的管理法は、適用を正しく行えば、100年後にいる私たちの仕事の改善にも、大きな成果を上げることができる優れた思考体系なのです。

フレデリック・テイラー

1856年生まれ。裕福な家庭に生まれ弁護士を目指すも、目の病気で断念。機械工見習いから労働者の分析を始めて、鉄鋼会社などの業務を通じて科学的管理法を確立した。

16 『藁のハンドル』（ヘンリー・フォード）

1926年刊

経営者／エンジニア

トヨタが学んだ、効率を追求する経営方式とその着眼点

企業経営で、経営者が合理性を追求すべきなのは当然です。しかし、合理性には視野の広さ、狭さの違いがあります。視野の広い合理性の大切さ教えてくれる一冊。

世界のトヨタが学んだ、大規模生産の元祖フォード

歴代世界第2位の生産台数、累計1500万台。これはT型フォードという自動車の記録です。1908年から生産を開始し、生産終了は1927年。自動車の歴史に華々しい販売記録を打ち立てたこのクルマを開発したのが、自動車王と呼ばれるヘンリー・フォードです。

19世紀末の自動車産業の黎明期に巡り合ったフォードは、お金持ちの嗜好品だった自動

車を、安価で信頼できる製品に変えて世界的なモータリゼーションの波を生み出しました。製品の低価格化と、高賃金を両立させることが社会全体の発展に役立つという信念をフォードは持っており、当時の高級車の4分の1の値段のT型フォードは飛ぶように売れて、高賃金を得ていた自社の社員も自動車を購入していきます。

フォードは大量生産方式を進化させ、今日の工業では当たり前のベルトコンベア方式などを採用。製造方式・人材育成・販売などにさまざまな工夫改善を積み重ねることで、フォード社を世界的な成功に導きました。

のちにトヨタ自動車で「ジャストインタイム」の生産方式を開発した大野氏は、アメリカの事業団がトヨタの工場を見学した際、なぜこのような仕組みを発明できたのかと聞かれて、『全部フォードの自伝に書いてありますよ』と答えた逸話があります。

カンバン方式をはじめ、生産方式の発明、改善でトヨタ自動車は世界的企業となっていますが、そのトヨタ自動車もフォードの思想から多くの着想を得ていたのです。

コスト削減と、賃金上昇こそが経営の目標

お金持ちのために、高度な職人が作り上げる高価な製品、それが自動車だった時代に、フォードは大衆が買える安価な車を目指しました、また自社の工場労働者に、当時の賃金の約2倍を支払ったことで、産業界から驚きをもって迎えられました。


「わが社の真の発展は、一九一四年、最低賃金を1日二ドル余りから五ドルに引き上げたときに始まる。その結果、私たちは自社の従業員の購買力を高め、彼らがまた、その他の人々の購買力を高めるというふうに、その影響がアメリカ社会全般に波及していったからである」

（『藁のハンドル』竹村健一訳、中公文庫より）


なぜ製品は低価格を目指すべきなのか。

理由は、製品価格が下がるほど、購入できる客層が広がるからです。さらに、高賃金を目指すことで、社会全体の購買力が高まり、豊かさが広がり始めるのです。

「製品を買ってくれる大衆は、どこからともなく現れるのではない。経営者も従業員も、は

たまた購買者層も、すべて一体なのである。だから、もしある事業が賃金を高く、価格を低く保つような経営ができないならば、その事業は自滅せざるをえない」(同書より)

フォードは付け加えて、高賃金を実現するには「低コスト化」が不可欠だとしています。コスト削減をせずに高賃金を実施しても、購買力は増えない。フォードはこの信念の元、高賃金で優れた人材、技術者を雇い、彼らの能力を低コスト化に活かします。

この循環により、歴史に残る傑作自動車T型フォードと、フォード社自体の世界的な繁栄を実現できたのです。

大企業は、サービスを創造・提供することで繁栄する

フォードは、大企業は産業家(今日の経営者)のリーダーシップが生み出す存在だと述べています。企業の成功の大小は、リーダーシップのレベルに依存します。

「第一に会社は、なんらかのサービスを提供するようにデザインされねばならない。だから会社は、そのサービスを優先させていくべきである。サービスが会社の後にくるのではない」

（同書より）

会社の存続のためにサービスをするのではなく、何らかのサービスを提供できるように企業は形作られる必要があります。提供するサービスこそがビジネスであり、会社の建物や形が企業ではないからです。

「より多くの人に受け入れられるサービスほど」、大企業としての規模を拡大できるのです。そのために、先のコスト削減の恩恵を、自社と消費者で分かち合うことがポイントになります。コスト削減、改善による価格の低下は、消費者の利益になるからです。

企業が成功を収めるには、経営者によるデザイン（設計）が重要な要素となるともフォードは述べています。どんなサービスを提供し、どんな工程で製造して、どう労働者が働くかは、経営者の設計次第で大きく変わるもので、現場で働く個々の労働者が変化させることができない点が多いからです。

労働者が1日仕事をした結果として、どれほどの付加価値を生み出せるかは、労働者ではなく、経営者のデザイン（会社の設計）に依存しているのです。

企業の規模は経営者のリーダーシップ（経営手腕）の優劣に比例していくのです。

お金は力ではなく、ただの商品にすぎない

ヘンリー・フォードは起業家として資本との関係に苦労した経験を多数持ちます。そのため、お金が企業を支配する、資本がすべてを所有するという考え方に強い否定を表明しています。

「今日では金融トラストがアメリカ人の労働者、つまり手や頭を使って、生産という形で社会に貢献している創造者を支配するということはなくなった」(同書より)

フォードは、お金だけあっても、大衆に良いサービスを提供する大企業は作れないと指摘します。起業家の意思と、優れたデザイン力によってはじめて、多くの大衆に支持を得る大企業が成立できるからです。

たたき上げの起業家らしく、フォードは企業や人がお金に支配されてはいけないと何度も警鐘を鳴らします。しかし今日でもファイナンスと起業家の関係は難しく、初期に多額の投資を受け入れたベンチャー企業の創業者が、成長の過程で経営権を失うケースなども散見されます。

ただし、お金そのものや法律自体が大企業を生み出すことはなく、起業家のサービスを生み出そうという強い意思が企業を成立させることを考えると、「お金は力ではなく、ただの商品にすぎない」というフォードの言葉には耳を傾ける価値があるでしょう。

産業のみならず、社会全体を俯瞰するリーダーの眼

フォードは自動車産業を世界規模で成立させ、技術や機械好きの青年は世代を超えて記憶される大企業家に上り詰めました。彼の自伝である『藁のハンドル』には、彼の経営者としての哲学、世界や社会をどう見ているかの視点が惜しげもなく披露されています。

その文章には、合理性の徹底追求とともに、社会や大衆とともに豊かになる方法を模索していく、型破りで新しい起業家の先見性が読み取れるのです。

「道義とは、健全な仕事を最上の方法で行うことである」

「余暇の創造こそ、産業の使命」（ともに同書より）

フォードの自伝では、リーダーとは産業デザインが上手い人間でなければいけないと指

摘されています。だれが、どのように働き、どんな形でコストを削減して、大衆に満足してもらえる商品を成立させるか。この設計が巧みで効果的であるほど、低コストでよい製品を生み出せる上に、労働者に高賃金を支払えるからです。

もう1点、フォードの自伝から学びたいポイントは、彼の視野の広さでしょう。大衆、労働者、消費者などの一連の登場人物は、さまざまなところでつながっている。その連環に効果的に働きかける企業・サービス・製品の設計こそが、大企業の繁栄を持続させるのだということを、彼の自伝は教えてくれているのです。

ヘンリー・フォード

フォード・モーターの創業者。1908年に発表したT型フォードが大ヒットし、世界で累計1500万台以上も生産された。

第7章

20・21世紀の経営書

働き方、組織運営の洗練と効率化は、現代のビジネスでも常に注目のテーマであり、この分野の改革がいまだ完了していないことも示しています。

『チェンジ・リーダーの条件』は、経営哲学者として著名なドラッカーの書です。彼の提言は、昨日の現実に最適化された巨大組織が、いかに明日のビジネスを創り上げる組織に変わるべきかを説いています。ここで、巨大組織を変えるのが「リーダー」という言葉でやはり表現される人々であることは、再認識されてもよいと思います。

『最高のリーダー、マネージャーがいつも考えているたったひとつのこと』では、膨大な調査を元に優れたリーダーと優れたマネージャーを区分する、それぞれの正しい役割を指摘します。リーダーもマネージャーも、組織の中では実行力、完遂力において主軸となる役割です。それぞれの役割が、どう違うのかを正しく知ることは、組織内での実行力を高める効果を発揮します。

どれほどの巨大組織でも、変化を生み出す動きはやはり1人の人間から始まるのです。リーダーシップは常に組織に関連しており、100年前の時代に大規模化した産業から、集団的な行動ばかりが重要項目となっているように感じます。しかし、どのような規模の組織でも、変化はやはり一人の人間の思考の中から始まります。その始まりが周囲を巻き込み、有効なムーブメントに変換されるまで、リーダーは孤軍奮闘しながらも、集団にとって最適な道を常に模索する精神的な挑戦を続けることになります。リーダーが集団に埋没してもよいのは、大多数の物事がうまくいっている場合だけです。そのような順風期は、組織が円滑に機能するのを後押しすればよいからです。

一方で、過去に構築された組織の機能が期待された成果を果たせない、もしくは時代の逆風にさらされるような時期には、新たな変革を目指した個人が立ち上がり、リーダーとして集団のかじ取りをする必要がある時間帯なのです。

17 『チェンジ・リーダーの条件』（ピーター・ドラッカー）

2000年刊（日本語版）

経営学者

事業の未来を作り、新たな成長を遂げる

どれほど優秀な企業でも、時間の経過で事業は陳腐化します。流れに抵抗できず衰退するか、変化を自ら起こして再成功するか。時代の転換点に勝つリーダーの条件とは。

過去は好調だった優良企業が、なぜ失速するのか

ピーター・ドラッカーは、1909年にオーストリア・ハンガリー帝国で生まれ、経営学者として高い評価を得た人物です（2005年没）。日本でも多くの著作が翻訳されベストセラーとなるなど、その叡知《えいち》は広くビジネスマンへ学びを提示しています。

彼は今後ますますマネジメントの役割が高まること、また時代が進むにつれてリーダーが事業を適切に再定義する重要性を指摘しています。

「マネジメントとは、事業に命を与えるダイナミックな存在である。彼らのリーダーシップなくしては、生産資源は資源にとどまり、生産はなされない。彼らの能力と仕事ぶりが、事業の成功、さらには事業の存続さえ決する」（『チェンジ・リーダーの条件』上田惇生編訳、ダイヤモンド社より）

好調だった優れた企業が、なぜ失速するのか。ドラッカーは、時代の流れとその企業の事業定義がずれていくことが不調の原因だと洞察しています。

「最近よく聞く話として、順風満帆に見えた大企業が、突然危機に直面し、低迷し、挫折する。（中略）原因は、マネジメントの方法が下手だからではない。（中略）単に実を結びえないことを行うようになった結果にすぎない。なぜか。それは、これまで事業の定義としてきたものが、現実にそぐわなくなったためである」（同書より）

マネジメントが適切に行われても、企業が掲げる旧来の目標が古くなれば、売上や利益につながらなくなります。題名のチェンジ・リーダーとは、そのような逆境に直面して、自ら変化を作り出し、新たな成長路線へ組織を押し上げることができる人物です。

顧客に関する3つの問い

ドラッカーは経営哲学として多くの名言を残しています。有名な「企業の目的は顧客の創造である」もその一つです。顧客がその企業をどう捉えているかが、現実の事業の姿を表しているとも言えます。

その上で、新しい時代に合わせて事業を再定義するには、現在の事業定義を明らかにしなければなりません。「われわれの事業とは何か」の明確化のために、ドラッカーは顧客に関する次の3つの定義に答えるべきだとしています。

【顧客に関する3つの問い】

①顧客とは誰か
②顧客はどこにいるか
③顧客は何を買うか

「『誰が顧客か』との問いこそ、企業の使命を定義するうえでもっとも重要な問いである。やさしい問いではない。まして、わかりきった問いではない。しかるに、この問いに対する答えによって、事業をどう定義するかがほぼ決まる」（同書より）

③の「顧客は何を買うか」も極めて重要な問いだと言えます。企業が売っていると考えているものと、顧客が買っているものが必ずしも一致しないこともあるからです。

「キャデラックをつくっているのであれば、自動車をつくっており、名前もGMのキャデラック事業部であると考える。しかし、キャデラックの新車に大金を支払う者は、本当に輸送手段としての車を買っているのだろうか。（中略）『キャデラックは、ダイヤモンドやミンクのコートと競争している。顧客は、輸送手段ではなく地位を買っている』と考えた。この答えが、破産寸前のキャデラックを救った」（同書より）

この質問に答えることで、事業の定義を（客観的な視点で）明確にできるだけでなく、何が必要であるか、どのような競合が存在しているかもクリアになります。

しかし3つの問いに明確に答えた事業定義でも、やがて必ず陳腐化します。そのため、ドラッカーは「われわれの事業は何になるか」という未来への答えを次に問うべきだとしています。

事業に影響を与える環境の変化を加味したとき、切り替えるべき新たな事業定義の姿が見えてくるのです。

予期せぬ成功と失敗、それぞれの意味

事業の定義の有効性について、ドラッカーは非常にシンプルで鋭い判断基準を提示しています。「予期せぬ成功と失敗」の存在です。

「事業の定義が有効でなくなったことを示す兆候は二つある。一つは、自らのものであれ、競争相手のものであれ、予期せぬ成功である。もう一つは、同じく自らのものであれ、競争相手のものであれ、予期せぬ失敗である」（同書より）

米自動車業界のGMは、より規模の小さいクライスラーがミニバンとジープで大成功をしたことに注意を払いませんでした。GMは自らの市場についての前提が効果を失ってい

ることを、競合するクライスラーの予期せぬ成功から気づけなかったのです。

「予期せぬ失敗」とは、自社が長い間、成功のパターンとして考えていた行動が、なぜか今回に限り上手くいかなかったという状態を指しています。この場合、自社が前提としてきた市場への理解が、陳腐化している最初の前兆になるのです。

「なぜあの会社が、こんなに伸びているのか?」と感じたとき、私たちの事業定義の有効性は、陳腐化の最初の兆候を見せているのです。にもかかわらず、多くの人は妬《ねた》みや僻《ひが》みを感じても、自社の事業定義を改めるべきだと考えません。

「予期せぬ成功と失敗」の出現は、私たちの日常に溢れています。もし、この基準に謙虚になることができれば、私たちの事業の定義の有効性を、驚くほど早く(予兆として)判定することも可能になるのです。

社会の新しい問題を事業機会に変える

新たな事業アイデアはすぐに思いつかなくとも、新たな社会問題は常に発生しています。従って社会の問題を事業機会に転換できる企業は、大きな利益を得ることになります。ドラッカーは「社会的なイノベーションは、技術のイノベーションよりも大きな役割を果たしてきた」と述べています。

「結局のところ、一九世紀のおもな産業は、新たな社会環境としての工業都市の抱える問題を、事業上の機会や市場に転換した結果生まれている。最初にガス、次に電気による照明事業が起こり、次いで市内電車、郊外電車、電話、新聞、デパートなどの事業が起こった」（同書より）

ドラッカーは、社会問題のすべてについて事業化への転換ができるわけではないとしつつも、慢性病のようになった社会問題と、健康な企業は両立できないと述べています。企業が健康であるためには、十分に機能する社会が必要となるからです。

21世紀の現代にも、新たな社会問題は溢れています。生活環境も人が集まる場所も変わっていきます。マネジメント能力と技術のある企業にとってそれは機会であり、事業化ができることで社会の健全性が保たれ、企業も利益を得ていく好循環を生み出すことができるのです。

●未来はどこにあるか、イノベーションはどうすれば生まれるか

私たちが事業の定義を変えるとき、ぜひ織り込んでおきたいのは未来の姿です。未来はどう変わるのか、どんな社会的ニーズがさらに高まっていくのでしょうか。ドラッカーはこの点について「すでに起こった未来」という言葉を使っています。起こった出来事と、その影響の発生にタイムラグがあるとき、その起こった出来事を理解することで、未来への影響を予見することができるからです。

【すでに起こった未来を探すべき5つの場所】

①人口構造

人口の変化は労働力、市場、経済的機会の変化にとって基本となる。人口の変化は最も逆転しにくく、出生率の変化が小学校の施設への圧力になるなど予測しやすい。

②知識の領域（の変化）

自社に限らず、社会全体の知識がどう変わったかを探る。行動科学の進歩のように、従来から飛躍的に発展を遂げた知識分野は、社会を新しい形に変えていく。

③他の産業、他の国、他の市場

自社の産業、国に限定されず、その外に「われわれの産業、国、市場を変える可能性のあることは起こっていないか」を考える。それは再現性があるかもしれない。

④産業構造（の変化）

材料革命のように、産業構造において大きな変化が起こっていないかを検討する。

⑤企業内部の摩擦

大抵の企業は、売上高に応じて部門の新設や統廃合を行い、売上の伸びている事業部には人員の増加、低下している事業部には人員削減が行われている。

この「すでに起こった未来」とは、原因と影響にタイムラグがあることを利用した未来予測法ですが、他の予測法に比較して確率の高い思考法です。

未来はまったく予測不可能というよりも、いくつかの前兆があり、前兆を正しく感知して判断している企業ほど、未来へ確信を持って進めることになるのでしょう。

■優れた形で事業を再定義するリーダーの力

事業定義を明確にする3つの問い

- 顧客とは誰か
- 顧客はどこにいるのか
- 顧客は何を買うのか

事業定義も環境の変化により、やがて陳腐化する

↓

事業定義の有効性の判断基準

- 自社または他社の予期せぬ成功
- 自社または他社の予期せぬ失敗

事業の定義を更新するヒント

新たな社会問題を事業の機会にする

すでに起こった未来を探すべき5つの場所

① 人口構造
② 知識の領域
③ 他の産業、他の国、他の市場
④ 産業構造
⑤ 企業内部の摩擦

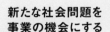

●私たちはすでに未来に足を踏み入れている

いかに優秀な企業でも、事業の定義は永遠に有効ではありえません。

このことは、過去20年で何度も衝撃と共に実証されてきたことではないでしょうか。一つの時代を創り上げた有名企業が、何社もこの世界から消えたのですから。

ドラッカーの指摘した「優れた形で事業を再定義すること」は、ますますリーダーの重要な役割と認識されていくと思われます。変化のスピードは速くなっているからです。


ドラッカーは2005年に死去していますが、彼の経営哲学や提言は現在も多くの信奉者を持ちます。理由は、彼が原理・本質を常に追求したからでしょう。

本当の原理原則には、時代を超えて通用するものがあるのです。

「顧客とは誰か」の問いは、今もって優れた洞察を引き出すものですし、彼の未来予測法は、今も私たちが次に起こることの前兆を発見する大きな手助けになります。

時代の転換点の今、事業の再定義はあらゆる企業で求められる能力です。優れたリーダーは、この技能を常に研ぎ澄ませて新たな未来に備える必要があるのです。

ピーター・ドラッカー

1909年ウィーン生まれ。一時記者として活動したがアメリカに移住。経営学者として多数の功績を上げる。マネジメント、リーダーシップなどの著作多数。2005年没。

18 『超優良企業は、革新する。』（ロバート・ウォータマン）

1987年刊

コンサルタント

革新を継続する方法

変化の激しい時代に勝ち抜くには、自らが変化する姿勢を持ち、良い機会を発見する能力を育てる必要があります。どうすれば、革新を続けることができるのでしょうか。

●『エクセレント・カンパニー』でやり残されたこととは？

『超優良企業は、革新する。』（奥村昭博監訳、講談社）は、ロバート・ウォータマンによって１９８９年に日本語訳が出版されています。彼は元々マッキンゼー社に勤めており、同僚のトム・ピーターズとの共著『エクセレント・カンパニー』で世界的な知名度を得た人物でもあります。

本書は『エクセレント・カンパニー』の続編としてウォータマンが著した書籍であり、

彼は冒頭で次のように述べています。

「本書は『エクセレント・カンパニー』がやり残したことに取り組んでいる。（中略）いかなる組織も、変革することなく超優良企業であり続けることはできない。みずからを新しくしていく能力がなければ、超優良企業の地位を維持することはおろか、進歩することさえおぼつかないだろう」（同書より）

世界的なベストセラーとなった『エクセレント・カンパニー』でやり残したことは一体なんだったのか。変革を続けるために、どんなことを目標とすべきなのでしょうか。

過去や惰性から、いかに抜け出すか

企業変革を実現するには、様々な方法があるとウォータマンは指摘します。

彼は100年の歴史を誇る造船会社、シャンティエール・ベネトーの例を紹介しています。同社はレジャー用帆船を製造していましたが、従業員がやる気を失い、時代に遅れて、「航海には適していたが、不細工であかぬけしていなかった」（同書より）状態に陥ります。

この状態を一変させたのは、ＣＥＯフォンタネのアイデアでした。彼は、注文生産である帆船をオーダーした顧客に、個人的な情報を提供して欲しいと依頼したのです。家族構成、どんな家に住んでいるか、写真、買った船に乗ってどんな冒険をしたいかなどです。これにより職人気質が職場によみがえります。船を注文した顧客の写真が職人の作業台の横にピンでとめられ、どんな人の夢を叶えるかを職人が明確にイメージしながら仕事に熱意を込めることができたからです。

この事例から、私たちは何を学ぶことができるでしょうか。

極めて単純な顧客情報、あるいは購入前後の顧客へアンケートを取ることで、会社を大きく刺激するようなデータが手に入るかもしれないということです。

これはシンプルな変革です。しかし自らを刺激し、自ら変わることを考えない企業では、このような単純なことさえ実行されていないのです。

『超優良企業は、革新する。』は、３つの障害を乗り越えるべきと提案しています。

【革新のための３つの障害】

①過去を捨てられないこと
②習慣の罠《わな》
③凡庸なプランニング

どれほど優秀な企業でも、過去に囚われ、習慣的な仕事のやり方に埋没し、凡庸な事業計画で予想外のチャンスを逃がし続ける硬直した組織は、やがて衰退していきます。世界的なベストセラーである『エクセレント・カンパニー』でやり残したこととは、あらゆる企業を凡庸に引きずり込む惰性を打破し、革新に成功する企業文化と仕組みを発見することだったのです。

情報に裏づけられたオポチュニズム（機会主義）

チャンスというのは、常に予測できるとは限りません。

偶然に出会う好機が必ずあるからです。一方で「方針がゼロ」というわけにもいきません。何らかの方針（戦略と言い換えてもよい）がなければ、企業は行動できず、チャンスを手に入れる確率も高まらないからです。

効果的な戦略（方針）は必要だが、未来は予測できない。合理的でありながら、非合理な点を受け入れる必要がある。このジレンマを解消することが非常に重要だと、ウォータマンは強調しています。

「企業の本当の戦略的コースを追跡することは、陽の当たった草原を舞うチョウを観察するのに似ている。チョウはどこかに向かっているようだが、その軌跡はランダムで、非効率的で、非合理に見える。企業の一見でたらめな、行き当たりばったりな行動の理由は、好機の持つとらえどころのない性質による」（同書より）

アメリカのウェルズ・ファーゴ銀行が10億ドルあまりでクロッカー・バンクを買収して、同社の驚異的な成長にいっそう弾《はず》みをつけた事例もウォータマンは紹介しています。

「CEOのカール・ライカートいわく、『戦略、戦略とおっしゃるが、うちがクロッカーを買収することを予想した人がいるかね』。（中略）最近のもっとも重要な戦略的決定、すなわちクロッカーの取得は、プランのなかにはなかった」（同書より）

この買収劇は、ウェルズ側がクロッカーの支店をいくつか買い取ることができないか、それとなく持ちかけたことが発端でした。

ウォータマンは、プランニングや伝統的な実行方法を超えてチャンスをつかむ方法を「情報に裏づけられたオポチュニズム」と命名しています。

オポチュニズム（opportunism）とは、機会主義のことです。

『超優良企業は、革新する。』では、この「情報に裏づけられたオポチュニズム」について、次の3つの要素が挙げられています。

【情報に裏づけられたオポチュニズムの3要素】

①情報
②予測不可能な出来事
③好機

アンテナを張り、情報を集め、情報にもとづいて行動したことで予測不可能な出来事に出会う。一連の予測不可能だった出来事の中から好機を選別し、意思決定を行う方法です。

行動方針としての戦略と、ランダムな出来事であるチャンスの出現を組み合わせる。この方法こそ、計画性がないように見えた大成功を支えている裏側の構造だったのです。

これをやわらかい言葉で解説すると、次のようになるでしょう。

ある程度の方向感を持って、成功や機会がありそうな場所をうろうろする。明確な一本の線ではないが、情報によって方向感は確保しておく。うろうろしている中で出会った（予測できない）ことの中から、取捨選別してチャンスを発見し、成功に導く。

リーダーは新しい成功、次の機会がありそうな場所をうろついてみることです。必ず新たな情報や予測できなかったことに出会うことでしょう。重要なのは「一見ムダに見える必要性」という存在を理解しておくことです。事前に予測できなかったチャンスには、競合他社がいない可能性もあり、大きな飛躍に結びつく確率も高いのですから。

革新家が実践する、7つのCの枠組みのプランニング

では、変革を実現できる組織のプランニングとは、どのようなものなのか。

『超優良企業は、革新する。』では、変革のために7つのカテゴリーを設定し、この要素をプランニングに含めていくことが大切であると説いています。

【革新のための7つのC】（同書より要約）

①能力（capacity）

能力はあらゆる活動の基礎であり、プランニングはこれを磨き上げて高めることが主たる目標になる。これは「持続性のある競争優位」を創り上げることでもある。

②コミュニケーション（communication）

プランニング自体を組織内のコミュニケーションにする。プランを元に組織内での議論を始めて、意見交換を重ねることで組織の統一的な活動力を高めていく。

③チャンスと情報（chance）

情報に裏づけられたオポチュニズムのように、予測不能な機会に最善の決断を下すために情報を集めておくべきだ。事前に予見できないチャンスを活かすために。

④大義、コミットメント、問題点（commitment）

組織の重大問題を常に表面化させて優先順位をつけ、人々がコミット（責任を持つ）できるよう大義に変換する。問題リストの作成は、企業革新の重要手段となる。

⑤危機的ポイント（crisis）

3年後、5年後など未来の予測をすることで、自社にとって危機的なポイントが訪れることを見通し対処する。どのような前提が崩れると自社が危機に陥るのかを検討することで、進路変更や革新を主体的に行うことが可能になる。

⑥コントロール（control）

革新する企業は、長期の成長目標、収益目標、マーケットシェア目標達成を常に目指す。先のことは予測できない前提で、なおかつ「5年後にビジネスを健全に保つには何が必要か？」を毎年検討する。未来への柔軟性を保つことにつながる。

⑦文化（culture）

プランニングを共通の価値観を再確認する場とする。長期的なプランニングを発表する場は、組織の共通の価値観やビジョン、基本目標を再浸透させる機会となる。

7つのCを見ていくと、プランニングを従来の硬直的な作業から、組織内部に刺激を与え、変革を促すものに変えていることがわかります。

また7Cは常に変化しつつある外部環境と組織をつなぐ接点のような役割も果たしています。「チャンスと情報」「危機的ポイント」などはまさに、動き続けて固定されることがない要素です。革新する企業は、流動的な状況を取り込み、自らのチャンスに転換することを狙う姿勢を持っていると言えるのです。

異なる視点を与えてくれる「別の鏡」を探す

企業が失速する理由は複数ありますが、代表的なものはリーダー層が現実を把握する能力を失うことです。過去の成功に囚われて、自分の世界観を変化させなかったのです。

「危機の原因は、慣習と管理者の孤立、この二つの致命的な組み合わせである」（同書より）

事例として、アメリカで長く続く人気テレビ番組「セサミ・ストリート」（CTW社）の成功が紹介されています。この番組は創立の段階から外部の声を聞くことを基盤にしていました。創立者のジョアン・クーニーは、教育・社会問題のドキュメンタリーを制作していた人物で、もともと貧困層の教育問題を解消する意欲を持った人物でした。

「私たちは、CTWの中心的なスタッフをはじめ、われわれの目的に関連のあると思われるすべての分野から数百人のアドバイザーを集めて、一連のセミナーを開催することから始めました。心理学者、教師、社会学者、映画会社、童話作家、広告関係者、テレビ番組制作の専門家、などです」(同書より)

またテスト段階でも、子供たちを実際にテレビ画面の前に座らせて、スクリーンへの注意をそらす目的で作られたスライドも同時に流す検証を行いました。どんなキャラクターがどのような形で登場すると、子供たちの集中力を持続させるか確認したのです。

1969年に始まったセサミストリートは、教育番組として大成功を収め、現在まで、全米はもちろん世界140カ国の子供たちに愛され続けています。

同番組の継続した大成功は、現実を正しく捉える「別の鏡」を常に活用して、変革を継続することから生み出されているのです。

■革新のためにリーダーがやるべきこと

革新のための3つの障害

1 過去を捨てられないこと

2 習慣の罠

3 凡庸なプランニング

上記の方法では、予測・計画ができないチャンスを手に入れられない。

対策A：新しい成功や次のチャンスがありそうな場所に出向く

対策B：情報によって行動の方向感をつかんでおく

対策C：予測できない出会いの中でチャンスを取捨選別する

成功を続ける企業は流動的な情報、異なる視点を取り込み続けて、チャンスに転換していく。

変革の意志を持つ組織の成功は長い

ウォータマンが導き出した提言は、共に「組織の革新」をリーダーが継続できる仕組みを指し示しています。その中心にあるコンセプトは、硬直化から逃れ、変化を続ける外界から機会を見つける柔軟性を保持する、という点にあります。

逆に言えば、ごく普通の組織もリーダーも、過去と習慣の罠に容易に落ちてしまうものです。現実を見失い、過去とは違う見方で世界を捉える能力を失っていくのです。

一方でセサミ・ストリートの40年以上にわたる成功と大人気は、変革の意志を持つ組織がどのような成果を手にできるかを如実に示しています。何も変化していないと思われる人形劇は、密《ひそ》かに新しい知見を次々取り入れて大人気を維持しているのです。

『超優良企業は、革新する。』は、組織が人の力を引き出せていない状態は、革新が急務であるサインだと教えています。

「組織とは、結局のところ人の集まりであり、たった一つの目的のためにある。お互いに助け合うことにより、個人でははたせない目標を実現することだ」（同書より）

リーダーは未来の可能性に目を開き、組織内の人間に変革への刺激を与え、全員の力を引き出して最大の成果を上げることを目標にすべきなのです。

ロバート・ウォータマン

元マッキンゼー社ディレクター。同社で21年間活躍。トム・ピーターズとの共著『エクセレント・カンパニー』は世界的なベストセラーとなる。本書はその続編にあたる。

19 『ビジョナリー・カンパニー』（ジム・コリンズ／ジェリー・ポラス）

1994年

コンサルタント／経営学者

永続する組織のつくり方

企業の成果は一過性のものではいけません。集団、チームとして、企業として一流でありながら繁栄を続けるためにどうすべきか。世界的なベストセラーから学びます。

永続している企業とそのリーダーは何が違うのか？

一流であり続け、繁栄を続けている企業とそうでない企業を比較研究して、世界的なベストセラーとなった書籍があります。『ビジョナリー・カンパニー』（山岡洋一訳、日経BP）です。二人は1950年以前に設立され、現在も高い評価を得ている企業を、そうでない（ただし優良な）企業と比較し分析しています。

6年間の調査で、次に挙げるような、従来のビジネス・スクールで提唱されていたこととはまったく違う要素が浮かび上がり、世界のビジネスパーソンを驚かせることになりました。

【崩れた神話】（12個のうち4つを抜粋）

①素晴らしいアイデアが必要だ（↓必ずしも必要ない）
②カリスマ的な偉大なリーダーが必要だ（↓かえって害もある）
③利益の追求を最大の目標とする（↓そうではない）
④超優良企業は守り優先（↓時に大胆な目標を掲げる）

【ビジョナリー・カンパニーの3つの特長】

①製品ではなく、会社を究極の目標とする
②ORの抑圧を跳ね除《の》け、ANDの才能を発揮する
③大量のものを試して、うまくいったものを残す

飛躍を続ける企業は、個別の製品ではなく、「優れた製品を生み出せる組織」を目指しています。また、取捨選択よりも、2つの魅力を追求して、両立させてしまうのです。

さらに、彼らは守りの経営によって飛躍しているのではなく、常に多量の挑戦を通じて新しい可能性の芽を探し、うまくいったものに注力して新たに飛躍しているのです。

コリンズたちの研究では、利益を最大の目標にして追求していない企業のほうが、長期間にわたり繁栄していることが示されました。彼らは利益より大切な目標を持っていたのです。

「時を告げ続ける仕組み」を作る

一時的には好調でも、すぐに失速して脱落する会社が絶えないのはなぜでしょうか。

理由の1つ目は、利益の追求を最大の目標とすることです。その企業に相応《ふさわ》しくないことにまで手を出してしまうことがあるのです。

2つ目は、製品やサービスが時代の変化の中で古くなっていくことです。繁栄し続けるには、新たな製品を次々に開発できる社内環境が必要になるのです。

ウィラード・マリオットは、会社を設立したのは、「巨額の利益をあげるためか、帝国を築くためか」との問いに、次のように答えています。

「違う。まったく違う。三つの一般的な考えが頭にあっただけだ。この三つはどれも重要だった。一つ目は、気さくなサービスをお客さまに提供すること、二つ目は、良質の食事を適正な価格で提供すること、三つ目は、昼夜を問わず猛烈に働いて利益をあげることだ」

「マリオットは、この見方を制度化し、自分がこの世を去ったのちも長く残るようにした。従業員を選別し教化する綿密なプロセスを定めて、従業員をもっとも大切にし、顧客を来客としてもてなす理念を強化した」（ともに同書より）

鶏と卵のたとえ話に近いですが、高品質なサービスや真心のこもった対応に最大の焦点を合わせることで、結果として高収益な企業として存続できるのです。

会社とは時計のようなものです。時計を作ることは、時を告げ続ける仕組みを作ることになります。

一流企業として繁栄を続けるビジョナリー・カンパニーは、創業者やその後継者たちが、「時を告げ続ける」ことの重要性を正しく認識していたのです。

この点は、経営トップの立場ではない現場リーダーも心がけるべきです。リーダー自身が関わらなければ成果を上げられない状態を改め、チーム自体の意志で成果を上げられるような仕組みを作り上げていく必要があります。部下にお金以外にも仕事に邁進できるような価値観・目標を正しく与えるなど、高い目標に向かい成長を持続させられるような環境づくりも大切でしょう。

強固な理念は繁栄する企業をつくる

ビジョナリー・カンパニーは、一つの製品・一つのアイデアに依存するのではなく、素晴らしい製品、良い事業アイデアを創り出せる組織こそが重要だと考えています。どんな時代にも価値を見出せる強固な企業理念をまず創り、理念を浸透させることで現在のみならず、未来にも繁栄する企業をつくり出そうとしているのです。

【『ビジョナリー・カンパニー』から学びとる繁栄の5原則】

①理念と時代を組み合わせて新製品を生み続ける力をつける
②従業員を大切にすることで強い企業となる

③大胆な目標を定期的に掲げ、従業員の自発的な進歩を促す
④大量のものを試し、うまくいったものを残す
⑤決して満足しないための社風や制度をつくる

一過性の成功、一時的な勝利や利益に「決して満足しない」組織や社風も大切です。時代には必ず波があり、一時の成功からくる慢心は企業を滅ぼすからです。

「メルクは一九五〇年代に、差別化が難しくなり、利益率が下がった製品のシェアを意識的に落としていき、業績をあげ、成長していくには、革新的な新薬を開発せざるを得なくする戦略を採用した」（同書より）

一方で「繁栄の5原則」の逆を考えると、一時の成功ですぐに失速する企業の姿も見えてきます。古いヒット商品に固執し、働く人を大切にせず、できないことへの言い訳ばかり探し、新たな目標を掲げないことで進化せず、小さな成功ですぐに慢心してしまうのです。

飛躍を続ける組織の仕組み

素晴らしい
アイデア
カリスマ的な
リーダー
利益のみを
追求する
凡庸な目標
既定路線
閉塞する、袋小路に入りやすい思考
ビジョナリー・カンパニーは原点回帰を可能にする
問題に直面したときの原点回帰が可能な理念と仕組みをつくる。その上で、1つのアイデアや製品に依存せず、優れた製品を生み出し続ける組織の育成に注力する。
製品ではなく、
組織こそが
究極の目標
新製品を
生み出し続ける
力を養う
決して
満足しない社風や
制度が大切
従業員こそが
成長の
原動力
大胆な目標を
定期的に
掲げる
大量の試行で、
うまくいったもの
を残す

基本理念に不可欠な、2つの要素

ビジョナリー・カンパニーの基本理念には似たものがなく、各企業が完全に独自に創り出し、その理念に沿った経営が続けられています。

コリンズとポラスは、基本理念は2つの要素からできていると指摘します。

【ビジョナリー・カンパニーの基本理念】（同書より）

「基本理念＝基本的価値観＋目的」

○基本的価値観＝組織にとって不可欠で不変の主義。いくつかの一般的な指導原理からなり、文化や経営手法と混同してはならず、利益の追求や目先の事情のために曲げてはならない。

○目的＝単なるカネ儲けを超えた会社の根本的な存在理由。地平線の上に永遠に輝き続ける道しるべとなる星であり、個々の目標や事業戦略と混同してはならない。

基本的価値観は、企業という集団を牽引する要素であり、目的とはその組織の根源的な存在理由です。

基本理念とは、言い換えれば、何を達成するか、どうしてその集団がそう考えているのかを明文化したものだとも言えます。企業が決断に迷ったとき、正しい道筋を示す光となる存在こそが基本理念であり、ビジョナリー・カンパニーにはそれがあるのです。

ジェームズ(ジム)・コリンズ

マッキンゼー社、ヒューレット・パッカード社に勤めたのち、スタンフォード大学教授となる。共著の『ビジョナリー・カンパニー』は世界的なベストセラーとなる。

ジェリー・ポラス

スタンフォード大学経営大学院の名誉教授。専門分野は組織行動論など。『ビジョナリー・カンパニー』の共著者。

20

『知識創造企業』（野中郁次郎／竹内弘高）

1995年刊（英語版）

経営学者

新たな成功を生み出す方法

どんなに優れた組織にも、新しい成功法（知識）が必要な時が必ず訪れます。古い知識から離れ、新たな知識を創り出すために、リーダーはどんなことをすべきなのでしょうか。

新たな知識（成功法）を創り出す集団が勝ち残る

1970年代〜80年代、日本企業が世界的に躍進した時代に、日本の成功理由について分析した書籍があります。野中郁次郎氏と竹内弘高氏の共著『知識創造企業』（梅本勝博訳、東洋経済新報社）です。

日本企業は、従来の殻を破るため、定期的に新たな知識（成功法）を自らの組織内で醸成する力があったからこそ、世界で存在感を高めることができたと論じています。

「日本企業は『組織的知識創造』の技能・技術によって成功してきたのだ、ということである。組織的知識創造とは、新しい知識を創り出し、組織全体に広め、製品やサービスあるいは業務システムに具体化する組織全体の能力のことである」

「不確実性の時代には、企業は頻繁に組織の外にある知識を求めざるをえない。（中略）日本企業の連続的イノベーションの特徴は、この外部知識との連携なのである。外部から取り込まれた知識は、組織内部で広く共有され、知識ベースに蓄積されて、新しい技術や新製品を開発するのに利用される」（ともに同書より）

「外部知識との連携」こそが、日本企業の知識創造に重要なステップだと指摘されています。逆に言えば、１９９０年代からほぼ30年にわたる業績不振に悩む日本企業は、優れた日本的な知識創造方法を忘れているのではないでしょうか。

自社の殻の内側に閉じこもり、外的な世界に接触することを忘却してしまったということです。消費者が真に求めていること、消費者が支持していることを探求する努力をしていないのではないでしょうか。成功のための知識は社外にあるにもかかわらず、社内の知識に閉じこもっているからこそ、多くの日本企業は現在、不振に喘《あえ》いでいるのかもしれないのです。

既存の思考の枠から離れる

『知識創造企業』で取り上げられた成功事例は、すべて行き詰まり状態の打開例です。理由は、知識創造が成功の新しい枠組みを創り出すことを意味しているからでしょう。知識創造には、古い思考の枠から離れさせてくれる仕掛けが必要とされます。その道具として取り上げられているのが、比喩的表現（メタファー〈隠喩〉、アナロジー〈類推〉）です。

この比喩的表現は、実際の製品開発にどのように使われているのでしょうか。左記は実際に『知識創造起業』で取り上げられている例です。

【ヒット商品の開発に見る比喩】

・シティ（ホンダ）＝クルマ進化論、球体のイメージ
・ミニコピア（キヤノン）＝コストの安いアルミのビール缶

・ホームベーカリー（松下電器）＝ホテル職人のパン作り

自動車メーカーのホンダには、背が高い小型車としてシティという大ヒット製品がありますが、それ以前のシビックやアコードといった人気車が「あまりにもありふれた車になってきた」という経営陣の確信（懸念）から生み出されています。つまり、従来型の製品開発では、もはや面白い車は作れないという行き詰まり感があったのです。

「知識創造」を、この比喩的表現を使うことで試みてみましょう。

アイスクリーム製造企業が新製品を考案するとき、前年のヒット商品Aを参考にすると、例えば「A商品と同じ価格、でもパパイヤ味」を考えてみよう、となるはずです。

既存製品の延長線上で考えれば、類似の製品を創り出すことになります。

ところがまったく新しい製品を生み出すために「アイスクリーム業界のフェラーリ」を創ろう、と比喩的表現をプロジェクトに使った場合はどうなるか（フェラーリはイタリア製高級自動車、平均的な普通車の10倍程度の価格）。

そうなると、１個の価格は１５００円の設定。この価格でも消費者が納得して買う商品としなければなりませんから、原材料や味へのこだわりも飛び抜けたものになる必要があります。

「最高級いちごをたっぷり使ったアイスクリーム」などのアイデアも浮かびます。ホンダのシティは「クルマが生物のように進化したらどうなるか？」という比喩的な質問を設定したことで生まれました。昨日の成功であるシビックを見つめ続けず、そこからあえて離れるために、大胆な比喩を設定したことが勝利の鍵だったのです。

●リーダーはチームに体験の範囲を拡大させよ

「知識創造」を行う上で、もう一つリーダーが意識したいことがあります。

それはチームのメンバーを具体的な行動に駆り立てるように計画することです。行動したことで体験を積み、その体験から新たなアイデアを得る。会議室に一日中閉じこもって議論するのではない、新しい知見をチームにもたらしていくのです。

「内面化にとってきわめて重要なことは、体験の範囲を拡大することである。たとえば、ホンダ・シティ・プロジェクトのリーダーであった渡辺洋男は、チーム・メンバーのなんにでもトライする精神を鼓舞するために、『やってみようよ』と言いつづけた」

知識創造企業へのステップ

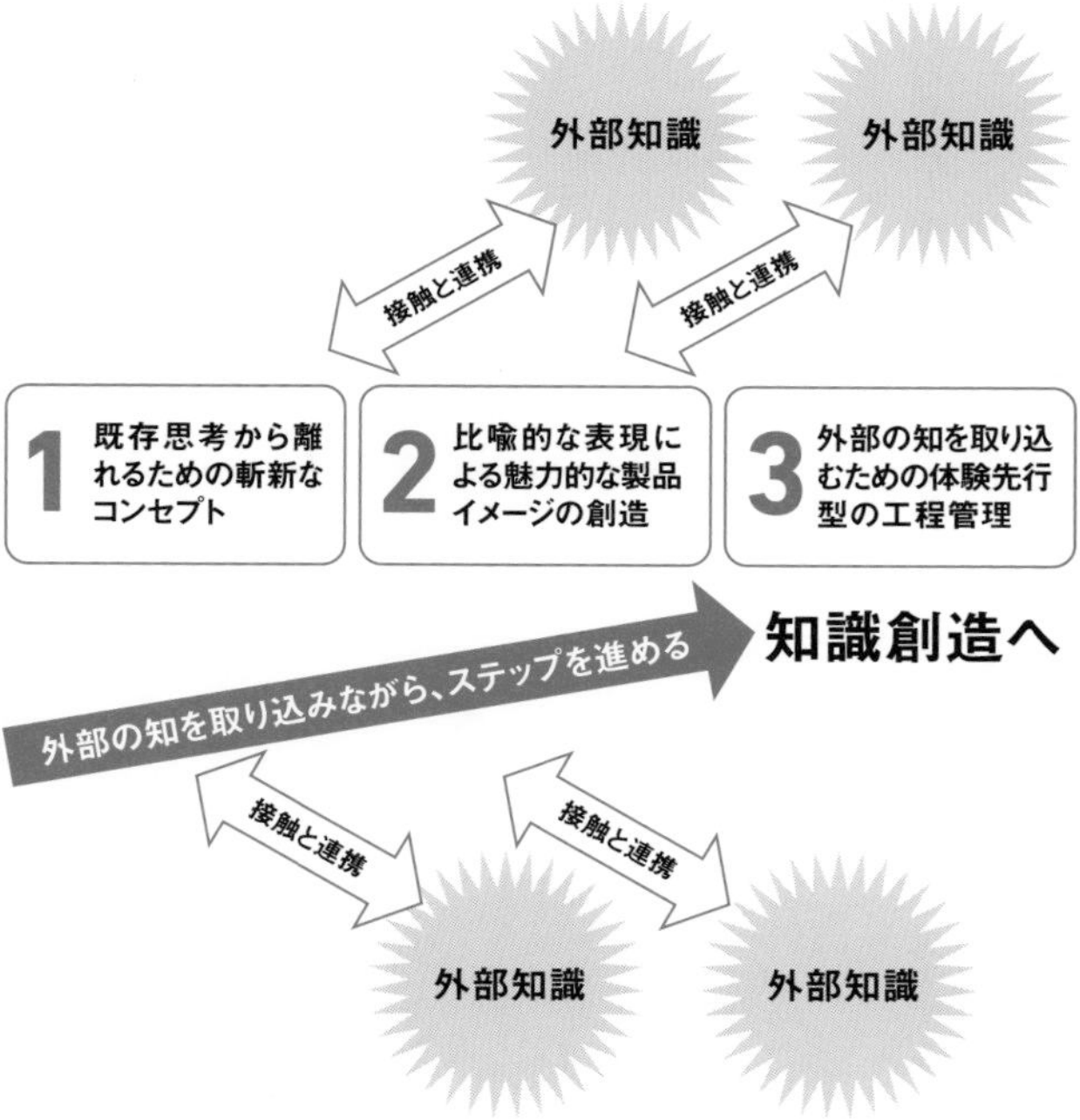

新たな成功の方程式や、斬新で魅力的な製品は、
会議室だけでは生まれない。
日本企業は、社外の知識（成功法）に接触し、
取り込むことで成功を重ねた。

「ゼネラル・エレクトリック（GE）では、すべての顧客からの苦情や問合せを、ケンタッキー州ルイヴィルにある回答《アンサー》センターでデータベースに打ち込んでいる。それによって、たとえば製品開発チームのメンバーが電話オペレーターの顧客とのやりとりを追体験できるのである」（ともに同書より）

先に「外の知識を内側に取り込む」ことが、知識創造の重要なステップとなっていると述べましたが、外部知識とプロジェクトを連携させるには、行動と体験が不可欠です。それには、具体的な行動を製品開発プロジェクトの過程に取り込んでおくことが重要なのです。

「知識創造」は、リーダー一人で行えることではありません。しかし知識創造の成功のために、リーダーが果たすべき役割は明確にあります。

それは「既存の思考の枠から離れて新しいコンセプトを打ち立てる、と明言すること」「発想を飛躍させる比喩を打ち出すこと」「体験を積ませること」で、外部知識を内部に取り込める機会をプロジェクトの各段階に必ず盛り込んでおくことです。

現在、日本企業は長い閉塞《へいそく》感に包まれています。その不振の最大の理由は、多くの日本のリーダーが、知識創造の作法を失っているからかもしれません。ヒット商品を生み出すことが難しい時代ほど、知識創造の力はリーダーの貴重な武器となるでしょう。

野中郁次郎

1935年生まれ。一橋大学名誉教授。竹内弘高氏との共著『知識創造企業』は当初は英語で出版され、多くの賞を受賞した。世界的な知名度を持つ日本の経営学者の一人。

竹内弘高

ハーバード大学経営大学院教授、国際基督教大学理事長、一橋大学名誉教授。専門分野は競争戦略、知識経営、マーケティング、インターナショナル・ビジネスなど。

21 『最高のリーダー、マネジャーがいつも考えているたったひとつのこと』（マーカス・バッキンガム）

2005年

作家・コンサルタント

2つの役職の一番大切なこと

リーダー、マネージャーは共に企業経営で重要な役職です。その違いや、両者の一番重要なポイントは何か？　膨大な調査から導かれたビジネスエッセンス書をご紹介します。

私たちが一番知りたい、本当に重要なこと

世界各国に拠点を持つ調査会社ギャラップに17年間勤めたマーカス・バッキンガムの著作『最高のリーダー、マネジャーがいつも考えているたったひとつのこと』（加賀山卓朗訳、日本経済新聞出版）は、その分析と結論のユニークさから世界的なベストセラーとなりました。

そのユニークさとは、書名にある2つの役職の大切な役割を極限まで絞り込み、さらに2つの役職の違いを明確にしたことです。

多くのデータがあれば、普通は論点が広がってしまうものです。様々なケースに対応するため、重要な目標を100個掲げてしまえば（多すぎる）、すでにそれは重要でなくなってしまいます。優れた絞り込みの効果は、このようなときに強く発揮されます。

本質を捉《とら》えた絞り込みは、実践や応用を容易にしてくれるのです。

全米50州にある薬局チェーンのウォルグリーン、地下深くに作業員が閉じ込められた炭鉱事故、ニューヨーク市の市長だったジュリアーニ氏の手腕、家電量販店のベスト・バイなど、多様な事例と調査結果から、どのようなことが導き出されたのでしょうか。

優れたリーダー、優れたマネージャーになるための「たったひとつのこと」とは、一体どのようなことなのでしょうか。

深夜に全国平均の5倍を売るすごい店員の秘密

全国平均300個に対して、5倍を超える1600個の販売実績。これはウォルグリーンのスーパー店員、マンジット・カウルの成績です。数字は、同店の半期総会で発表された、デオドラント販売コンテストの結果だったのです。

飛び抜けた成績を知って調査に向かったバッキンガムは、マンジットが専門学校に通う女性で、彼女の勤務時間が深夜から早朝という販売に不利な時間帯であることに驚きます。

同氏は、マンジットの成績が伸びたのは、ごく最近のことだと気づいて質問しました。

「『何があったのかな』と私は尋ねた。

『ミスターKが来たの。ミスターKはとても親切で、前向きな人よ。彼が来てここは変わったわ』」（同書より）

マンジットの成績を生み出したのは、新任マネージャーのジム・カワシマでした。

彼はマンジットのいくつかの資質、数字が好きで元スポーツ選手、結果が測れるものに挑戦することにスリルを覚える性格などを、仕事に活かす方法を考え出したのです。

事務所の壁という壁にマンジットの販売成績を貼り、販売成績をほぼ毎日グラフとして更新していきます。彼女の注目を浴びたい、競争が好きな資質に力を与えたのです。

【マネージャーが考えているたったひとつのこと】
「部下一人ひとりの特色を発見し、それを有効に活用する」

マネージャーの会社への貢献とは、他の人により生産的に仕事をしてもらうことであり、自分が部下と一緒に働くことで、部下の生産性を上げることです。ジム・カワシマはマンジット独自の資質に着目し、その資質を最大限発揮させて成功を収めたのです。

●優れたマネージャーは、どんなスキルを持つのか？

では、優れたマネージャーが持つ資質とは何か。

大きく2つあるとバッキンガムは指摘します。第1は、他人の成長を喜ぶことができる教育本能、第2は個々の人たちの違いを感じ取る能力です。

優れたマネージャーには、人の小さな成長でさえ喜べる才能があり、さらに個々の特色を活かすために「人の持つ個性、違いを見抜く才能」が備わっているのです。

そのようなマネージャーの前で、部下はどんな感覚を抱くか。

「部下の精神状態を次のような方向に持っていくのだ——目のまえの課題のむずかしさについては一〇〇パーセント現実的に評価し、それを乗り越える自分の能力については非現実的なまでに楽観している」（同書より）

目の前の課題を冷静に見積もっていること、自分の能力については大きな自信を持つこと。これが成果を上げる部下の基本的なマインドセットであり、マネージャーが意図して作り出すべき職場環境なのです。

優れたリーダーは未来を描き、それを浸透させる

では、一方のリーダーは、どんな資質が一番大切なのか。

炭鉱事故からの奇跡の救出劇、ケネディ大統領や著名な政治家などの行動と発言から、バッキンガムは「よりよい未来」こそがリーダーのキーワードだと指摘します。

【リーダーが考えているたった一つのこと】
「すぐれたリーダーは、よりよい未来に向けて人々を一致団結させる」

企業経営者であれ、行政のトップであれ、リーダーと言われる立場の人に一貫して共通するのは、よりよい未来への渇望なのです。現状への不満から未来を変える、その意欲とビジョンが周囲に波及したとき、その人はリーダーとなるのです。

「リーダーシップの鍵は、よりよい未来を思い描くだけでなく、それを実現させるのは自分しかいないと、己の全存在をかけて信じることにある。現状をよりよいものに変える責任を引きうけるのは自分しかいないと信じるのだ」（同書より）

現実を見渡せば、この定義が広くリーダーの本質を捉《とら》えていることがわかります。未来を描くことなく、目の前の業務を最大の効率でこなすことを狙うのがマネージャーであれば、リーダーはチームや組織の良い未来を描き、その未来像を周囲と共有して、組織を未来へ向けて動かしていくことが役割なのです。

リーダーは未来へ向けて人々を一致団結させるため、より広く共感を得る普遍的な要素を理解する資質が必要です。例えば、未来への不安、共同体意識、認められたいという想い、敬意を払いたいという人々の感覚です。

リーダーはその役割を果たすため、広く多くの人々の心の琴線に触れるものごとを見抜き、それを行動への起爆剤として利用するのです。

リーダーとマネージャー、2つの違いを明確にする利点

『最高のリーダー、マネジャーがいつも考えているたったひとつのこと』は、2つの役職でそれぞれ求められるたった一つの本質を描き出しています。ただし実際の職場では、大きなチームでも小さなチームでも、リーダーとマネージャーの両方の要素を、ある程度両立させるような活動が求められるのも事実でしょう。

大切なことは、「たった一つのこと」を知ることで、私たちが直面する現実の場面に応じて、適切な一手を選んで打つことが可能になることです。

私たちは自らの仕事をしながら、先輩や上司の仕事ぶりを見て成長をしていきます。そこには貴重な体験による学びがある一方で、普遍的な視野が欠けてしまうこともありま

■リーダーとマネージャーの違い

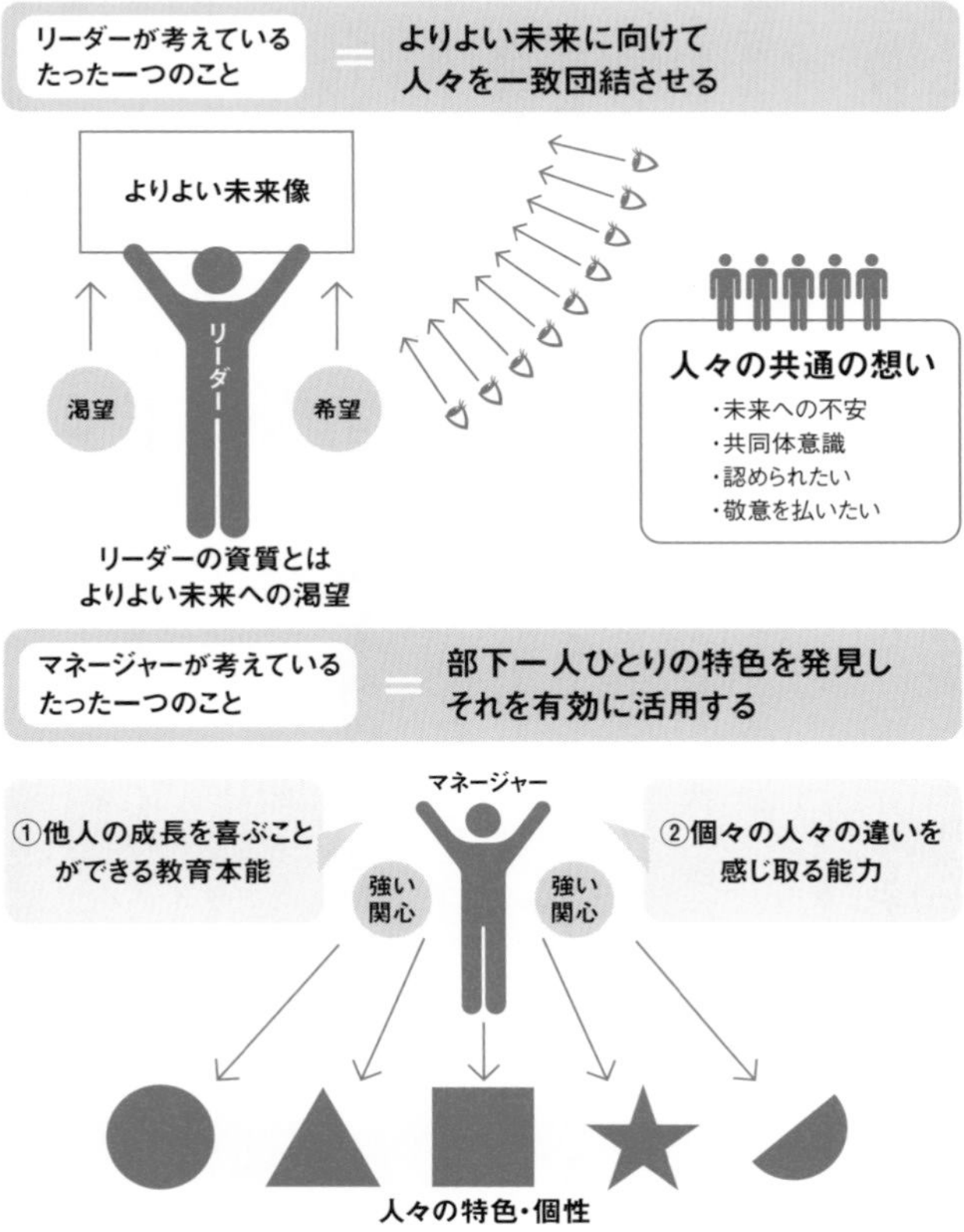
リーダーが考えている
たった一つのこと
＝
よりよい未来に向けて
人々を一致団結させる
よりよい未来像
リーダー
渇望
希望
リーダーの資質とは
よりよい未来への渇望
人々の共通の想い
・未来への不安
・共同体意識
・認められたい
・敬意を払いたい
マネージャーが考えている
たった一つのこと
＝
部下一人ひとりの特色を発見し
それを有効に活用する
マネージャー
①他人の成長を喜ぶこと
ができる教育本能
②個々の人々の違いを
感じ取る能力
強い
関心
強い
関心
人々の特色・個性

す。

マネージャー的な役割だけが求められた職場、リーダーの役割だけで十分とされたポジション。限定的な条件での体験と学習は、別の環境、別の職場に飛び込んだときには通用せず、逆に足枷《あしかせ》にならないとも限りません。

そのようなときこそ、広く世界中での調査から本質を捉えた指摘が役に立つのです。バッキンガムの鋭い分析は、私たちに環境や時代の変化に対応する力を与えてくれるのです。

マーカス・バッキンガム

世界中に拠点を持つ調査会社ギャラップ・オーガニゼーションで17年間調査に携わる。世界的なベストセラーの著作を複数持ち、現在は作家兼コンサルタントとして活躍。

22 『習慣の力』（チャールズ・デュヒッグ）

2012年刊

記者・作家

人と組織の変え方

目標の達成のため、リーダーは時に自分と組織を変えていく必要に迫られます。習慣の構造を理解し、悪い習慣を良い習慣に切り替える技術が効果を発揮するときです。

●人間の日常行動の4割は習慣！

「私たちの生活はすべて、習慣の集まりにすぎない」

これは1892年にアメリカの哲学者で心理学者のウィリアム・ジェームズが残した言葉ですが、実際にこの言葉の意味することにうなずく方は多いでしょう。私たちは多くの習慣に、意識せずとも支配されていることが多いからです。

習慣は個人にも、組織にも存在します。しかし、すべてを一度に変えることはとても難しいものです。

では、私たちは一体どんな点に着目したらよいのでしょうか。

「一つの習慣に狙いを定めることで、他の行動もプログラムしなおすことに成功したのだ。そのような習慣をキーストーン・ハビット（要《かなめ》となる習慣）という」（『習慣の力』渡会圭子訳、講談社より）

全米でベストセラーとなった『習慣の力』は、私たちが意外なものに行動を支配されていることを教えてくれます。

例えば、歯磨きは1900年代に歯磨き粉が製品化されたことで世界に広まった習慣ですが、同書は、歯を磨く習慣が人々に固定化した理由は、歯を磨くと「ミントのさわやかな感覚」が口に広がることだと指摘します。実際は洗浄効果と関係ない〝クールな感覚〟を、人は歯磨きの報酬として捉えて、食後にその感覚を求めるようになったのです。

たった一つの習慣で業績が回復、アルコアの成功例

アメリカのアルミニウム精錬企業アルコアは、１９８７年に新ＣＥＯを迎えます。世界屈指の優良企業として歴史を歩んできた同社は、長く経営不振に陥っていました。しかし多くの投資家の前で、新ＣＥＯのポール・オニールは意外なことを話します。目標は業績ではなく、「事故ゼロ」と安全性の向上を最重要視すると発表したのです。業績に関する質問が投資家からあった時、オニールは次のように答えました。

「私の話を聞いていなかったようですね」オニールが言う。「アルコアがどんな状態か理解したいのなら、見るべきは現場の安全率です。威勢のいいかけ声や、他のＣＥＯが口にするようなたわごとでは、怪我の件数を減らすことはできません」

「個々の社員が『自分は重要なことに参加している』という意識を持って初めて実現できるのです。（中略）会社全体で習慣を変えようと努力する。その進歩の尺度が安全となるのです」

（ともに同書より）

投資家の一部は、オニールの演説で同社の株を急いで手離します。しかしオニールが引退するまでに、同社の株価は5倍になり、時価総額は２７０億ドルに達していました。

なぜ、このような奇跡のV字回復が可能になったのでしょうか。

当時、業績不振のアルコアでは経営陣と社員の関係が悪く、あるトップの品質改善の掛け声にストライキが起こっていたほどでした。そのためオニールは、「最初に手をつけるべきことは、誰もが（組織も管理職も）、重要だと認める事柄だと考えた」（同書より）のです。

職場の安全を守り、現場で働く社員の怪我を限りなくゼロに近づける。この目標は、全社員が目指さざるを得ず、その達成のためには、製造過程の欠陥と非効率を徹底的に洗い出す必要がありました。

「つまり社員を守るために、アルコアは世界でもっとも合理化されたアルミ製造会社になる必要があった」（同書より）のです。

オニールはリーダーとして、全社員が仕事に熱意を持ち、集中できる環境を整えたのです。そのために活用したのが、「事故ゼロ」を目指す習慣だったのです。

ワシントンで官僚として長く働き、組織の（悪しき）習慣の問題に精通していたオニールは、たった一つの習慣改善に絞り、全社を改革するための起点としました。

従業員の安全を第一とする姿勢は全社員の意識に波及し、同社は劇的な変化を遂げたのです。オニールはその姿勢を貫き、安全を徹底的に追求したのです。

●トラブルに対処できる、スターバックスの教育支援

『習慣の力』に、トラヴィスという青年が紹介されています。

幼い時から彼の両親は薬物中毒であり、16歳の時には高校を中退。その後は両親も亡くなり、職を転々とします。無礼な客がくると彼は大声で怒鳴り返し、忙しい状況では自分の気持ちを抑えられませんでした。仕事ではトラブルを抱え、人生にも無力感を感じて過ごしていました。

19歳の時、彼は働いていたレンタルビデオ店の常連客に、スターバックスで働いてみたらどうかと勧められます。近くに新規店舗がオープンするからでした。

6年後、トラヴィスはどうなっていたか。

「25歳になったトラヴィスは、スターバックス2店舗の店長を務め、40人の従業員を監督し、

２００万ドルを超える売り上げをあげている。彼の年収は４万４０００ドルで、企業年金４０１ｋにも加入し、借金はゼロ。遅刻はしたことがない」（同書より）

19歳の青年の人生を立て直し、自制心のある毎日を過ごせるようにしたのは、スターバックスの社員教育でした。同社は極上のコーヒー一杯のために4ドルを払いたくなる環境をつくるため、何百万ドルもかけて従業員の自制心を鍛える教育カリキュラムを開発していたのです。

特に重視されたのが、トラブルや緊張が起こる「転換点」での対処です。お客が怒鳴り始めたり、注文の列が長く伸びてみんながイライラし始めたときにどう対処すべきか、予《あらかじ》め決定された対処法を何度もロールプレイを行って習得し、自然に対応できるようにするのです。

「このワークブックは、不愉快な状況を想定して、どう対応すればいいか考えるためのものだ。うちの会社のシステムの一つに、ＬＡＴＴＥメソッドというのがある。まずお客様の声に耳を傾ける（Listen）、彼らの不満を認める（Acknowledge）、問題解決のために行動する（Take action）、お客様に感謝する（Thank）、そしてなぜその問題が起こったのかを説明する

（Explain）だ」（同書より）

自制心や意志力のような内的な力も、適切なプログラムによって改善・強化することができ、それが習慣化されることで人生自体も変えていくことができるのです。

そして正しい習慣を身につけている人はより容易に自分の意志力を発揮し、多くのことを成し遂げて、困難に耐えて乗り越えていくことができます。

リーダーは、自身が健全な習慣を身につけると同時に、仕事を適切に完成させるには、自分が指導するチームや部下にも正しい習慣を準備すべきです。

思いがけないトラブルが発生したときの処理方法、コミュニケーションの基本ルールなど、習慣化によって成果が変わる要素は多数あります。

習慣というのはある種の「指標」です。何を重視するのか、どんなことを効果的にできるようになるかを選択し、実践を続けることだからです。

だからこそ慎重に考え、効果的に設計するだけの価値があるのです。

適切な習慣のサイクルは、波及的な効果を発揮し続けてくれます。そのために、どのような習慣を設計するかが、大きなポイントになるのです。

良い習慣があるほど、個人もチームも高い成果を上げ、困難を克服する力をより高めることができるのですから。

チャールズ・デュヒッグ

1974年生まれ。ニューヨーク・タイムズ紙の記者。ビジネス関連の記事を専門として、多くのジャーナリズム賞を受賞。著作『習慣の力』はアメリカでベストセラーとなった。

第8章

名経営者のマネジメント書

「経営者による名著」では、リーダーがいかに巨大企業を変えていくか、変化の手法と思考法を軸に紹介しています。組織は大きくなるほど、変化することが難しくなります。巨大企業は常に、昨日の現実に最適化されて今日運営されているからです。組織が今に最適化されている期間は問題が起こりませんが、組織が時代の要請とずれていく過程で、そのずれの危機に気づいた者が変革のリーダーになる必要が生まれます。どんな部分を起点とすればよい変革に成功するかを、これらの名著は教えてくれています。

『プロフェッショナルマネジャー』の著者、ハロルド・ジェニーンは米国の巨大企業ＩＴＴで約20年間トップを務めた人物です。彼がＣＥＯを務めた20年間で、ＩＴＴは国際的な複合企業に成長を遂げ、ジェニーン自体も優れた手腕を持つＣＥＯとしての名声を博しました。彼はなぜ、計画を完遂して自ら率いる組織を継続的な達成に導くことができたのでしょうか。ビジネスを終わり、つまりゴールから常に考えるというジェニーンの経営の秘密が明かされています。

『巨象も踊る』では、米国を代表する一流企業のＩＢＭが経営危機に陥り、多くのリーダーがかじ取りを拒否した段階で、当社のＣＥＯを引き受けたルイス・ガースナーの物語です。ＩＢＭを救える確率は20％以下で、自分もその仕事を引き受ける確率は20％以下と考えていたガースナーは「米国のためにＩＢＭを救ってほしい」との言葉で、困難な役割を引き受ける決断をします。

『ウィニング　勝利の経営』の著者ジャック・ウェルチは、巨大組織GEを変革して、同社を再び世界的な高収益企業に復活させた人物です。彼は、あらゆる分野にビジネスを拡大していたGEに、事業の選別という視点を持ち込んで、再び活気を取り戻し、成長路線に乗せました。具体的には、業界で1位か2位の事業以外を切り捨てたのです。

『How Google Works』は、1998年に2人の学生によって創業されたグーグルが、どのような働き方を目指すことで、世界一の企業となる道を進むことができたか、彼らの発想の原点を教えてくれます。計画からは計画以上の成果は望めず、飛躍を生み出すにはチームに驚くほど大胆な目標を抱かせる必要がある。その大胆な目標は、グーグル社に凡庸と決別させて、卓越したプロダクトを世に出し続ける急成長企業の道を進むことを可能にしたのです。

紹介した書籍ごとに、巨大組織を変革するために着目しているポイントは違います。これは各組織に固有の状況があり、その状況を理解した上で、変革を進めるための最善の道を選んでいるためです。どのような叡智も、最終的には使う場面ごとに正しく適用することがポイントになります。

23 『プロフェショナルマネジャー』（ハロルド・ジェニーン）

1984年刊

経営者

ビジネスは終わりから考える

いくつもの職を経験した会計士が、通信会社ITTのCEOに就任して怒濤の成長を実現します。実務に精通したカリスマリーダーが実践したマネジメント論を学びます。

ユニクロの柳井会長が「自らの教科書」と語る伝説の経営書

ファストファッションのユニクロを、世界中に店舗を持ち、売上1兆5000億円にのぼる国際企業に育て上げた柳井正会長。その柳井氏が山口県に2店舗のみ、年商1億円程度のビジネスを親から受け継いだのちに読んだのが『プロフェッショナルマネジャー』です。柳井氏は「これが私の最高の教科書だ」とまで絶賛しています。

著者はハロルド・ジェニーン。ニューヨーク大学で会計学を学び、のちに通信事業会社のＩＴＴで最高経営責任者になった人物です。彼が就任して10年間に、ＩＴＴは約３００社もの企業を買収し、巨大複合企業に成長しました。

ジェニーンがＣＥＯを務めた１９５９年から77年までに、同社の売上高は７億６５００万ドルから２８０億ドル前後まで急激に膨張。厳格な会計管理と彼が吹き込んだ強力な成長意欲は、約20年間でＩＴＴを国際複合企業にまで押し上げたのです。

ゴールの設定から始めて、逆算していくことが経営

ジェニーンは著作の冒頭で、「ビジネスやその他のものも、セオリーなどで経営はできない」と断言します。様々なセオリーが時代と共に流行し、トレンドが終わると誰もが忘れてしまいます。どんなに強固に思われる高度な理論でも、謳《うた》い文句通りには役立たないことを彼は実務で思い知らされたと書いています。

では、経営はどんなことで成功するのでしょうか？

ジェニーンはビジネスでも人生でも、成功するための秘訣などないと語り、次の３行があるだけだと指摘します。

【ジェニーンが指摘する3行の経営論】（『プロフェッショナルマネジャー』田中融二訳、プレジデント社より）

「本を読む時は、初めから終わりへと読む。
ビジネスの経営はそれとは逆だ。
終わりから始めて、そこへ到達するためにできる限りのことをするのだ」

ジェニーンは目標を「一株当たり利益の毎年10％の増加」と設定。この最終ゴールの達成に必要なことを探し出して、マイルストーンを決定して順次成し遂げました。

当時のＩＴＴは、収益の85％をアメリカ以外の海外エリアから得ていました。にもかかわらず、経営チームはアメリカに留まっており、市場拡大や収益の構造と、過去の延長線上にある組織構造との間に歪《ゆが》みが発生していたのです。

ジェニーンはまず、ヨーロッパに経営の本部となるヨーロッパＩＴＴを設立しました。その上で、各事業エリアのトップと彼自身ができる限り直接会って仕事をする機会をつくるようにしていきます。また、現場からの重要な報告データは、彼自身に直接届けられる仕組みに切り替えていきます（途中の役職者を経由せずに）。

市場の状態に組織を適合させ、意思決定の構造をシンプル・ダイレクトにしたのです。

重要な点は、ジェニーンがマネジメントをするときに、必ずゴール（終わり）から始めたことです。終わりから始めることで、そこに至る筋道が見えてくる。次に段階的な目標が決定されて、速《すみ》やかに実践に移ることができるのです。

目の前の目標を必ず達成せよ！

ジェニーンは企業が今後5年などの長期計画を立てる上での注意点も述べています。今の四半期の目標を達成できないとき、年末までには大丈夫と考えるのは危険だと。

「現実はそんなふうにはいかない。最初の四半期に目標を達成できなかったら、けっして年間の目標を達成することはできない、と私はみんなに言った。――まず、とにかく最初の四半期に予定された収益目標を達成するのだ」（同書より）

現四半期あるいは今年度の業績を軽視して長期計画は成り立たない、目の前におかれた一番近い目標に固執して努力を注ぎ続けるのだ、と彼は言っています。「今後、長期計画はいっさい無用とする」という覚書を社内に配布したほどです。それは長期計画を無視するのではなく、そこに意識を取られて足元の業績達成を甘く見ることを戒《いまし》めるためだったのです。

一方で、ビジネスパーソンのキャリアについては、経験と金銭的報酬の2つのうち、「金は後回しにして、まず経験を取れ」と説いています。経験を積む際に意識すべきことは「その問題や職務に全力で当たる」こと。成果を出すために、挑戦できる限りのことを考えて実行する。このような意識で仕事に取り組むことを彼が勧めているのは、そのようにすれば、これまでとは違った「創造的経験」を手に入れることができるからです。

優れたリーダーは、周囲からできる限りの能力を引き出す

ジェニーンは、リーダーシップについて一つの章を割《さ》いて論じています。

彼自身は、仕事を義務ではなく挑戦と捉《とら》えて楽しんでいました。そして組織全体にも、挑戦自体をみんなで楽しむ雰囲気をつくろうとしたのです。

「不可能だと思っていることをなし遂げさせたかった。それもただ会社と出世のためばかりでなく、それ自体の喜びのためにそうするようにさせたかった。困難な仕事と取り組み、そ

れを解決し、それからより大きな、より高度の、より困難な挑戦に立ち向かっていく過程を楽しむようにさせたかった」

「私に固有のリーダーシップの感覚の傾向として、それをなし遂げる最善のやり方として選んだのは、ほかの人びとと一緒にボートに飛び乗り、オールをつかんで漕ぎ始めることだった」（ともに同書より）

彼は部下に「リーダーが一緒に問題解決に取り組み、自分を支えてくれている」という感覚を与えています。そして彼自身も仕事に熱中して取り組むことで、その姿勢や情熱を会社の新たな基準にしていったのです。

その他にジェニーンが、リーダーとして注意していた2つのことがあります。

①自由で率直なコミュニケーションを社内に定着させること

②言いにくいことも、必要事項ならばはっきり伝えること

①の目的は、社内にいるすべての人間に才能を十二分に発揮してもらうことと、自分の

■ゴールから逆算し、ダイレクトな組織をつくる

経営計画としての最終目標

↓

ゴールから逆算した達成するための必要項目のリスト

①
②
③
④

外部のマーケットニーズに合わせた組織構造

第一四半期の目標に全力を注ぐ

自由で率直なコミュニケーション

言いにくいことも伝える組織文化

↓

不可能への挑戦を楽しみ、達成する組織へ

ハロルド・ジェニーンの効果的で厳しいマネジメント

①役員報酬の10%引き上げ(優秀な人材を集めるため)
②ボートを漕がない人間を解雇する
③自由な意見を言い、社員を怯えさせずに挑戦を行う

過ちも周囲に指摘してもらえる環境をつくることでした。②の目的は、社内に適切な規律・ルールを持ち込むためです〈ジェニーンは特に「ボートを漕がない人間を解雇する」ことはリーダーの厳しい〈必要な〉役割だと述べています〉。

部下を怯《おび》えさせず、自由に意見を言い合える環境をつくりながらも、リーダーは厳しさを兼ね備えなければならない。このように相反する要素をバランスさせながら、ジェニーンは自分の率いる組織に高い目標を達成させ続けていったのです。

高い目標を掲げて、達成することを楽しむ

ジェニーンは実務に精通して成果を上げた人物らしく、極めて現実的な指摘を多数しています。リーダーのエゴが会社をダメにする、正確で良質な数字が現実を教えてくれる等々。特に業務を正確に分析するためには、適切に測定された数字が不可欠だと語っています（彼は元会計士）。

ジェニーンの著作に貫かれている信念の一つは、「ビジネスの挑戦は楽しく、やりがいがあり、全員が報われるもの」というものです。彼は厳しい挑戦、高い成長を成し遂げるために、まず同社の役員報酬を10％引き上げ、最優秀の人材をリクルートする道筋を創り

上げています。

終わりから始めて、最初に戻る。つまり最終ゴールとしての目標を掲げ、それを達成する道筋を一つずつクリアしていく。彼はこの手法を徹底して行い、自ら指揮するＩＴＴを巨大企業にまで成長させました。ジェニーンにとって、リーダーとしてやるべきことは２つありました。１つ目は高い目標を掲げること、２つ目はそれを達成してみせることです。２つをサイクルとして繰り返す中で、リーダー自身も成長を続けることができるのです。

ハロルド・ジェニーン

１９１０年イギリス生まれ。ニューヨーク証券取引所のボーイから、会計事務所など数々の職場を経て、１９５９年にＩＴＴのＣＥＯに就任。14年半連続増益の業績を打ち立てる。

24 『巨象も踊る』（ルイス・ガースナー）

2002年刊

経営者

顧客への貢献にのみ集中する

どれほど繁栄した事業や商品でも、時代遅れになる日が必ず訪れる。組織が時代の変化につまずいたとき、リーダーがどのように新たな変革を主導できるかを描いた書籍です。

名門IBMが消滅する危機

ＩＢＭは１９１１年に創立され、コンピューターの初期のパンチカード事業、戦後のメインフレーム産業の進化と発展をリードした世界的な名門企業です。

初代社長のワトソン・シニア、長男のワトソン・ジュニアの2代で56年間もの統治を行い、家族的な帰属意識と手厚い福利厚生で独特の文化と繁栄を築いてきました。

年功による定期昇給、終身雇用、格差の小さい給与体系など、古き良き日本企業のように社員の高い忠誠心を育《はぐく》むことで、ＩＢＭの長年の名声が支えられたのです。

しかし１９８０年代以降、メインフレーム（大型コンピューター）ではなく、小型のＰＣが広く活用され始めると、名門ＩＢＭの事業基盤は脅《おびや》かされます。業績不振からＣＥＯのエイカーズが１９９３年1月に引退、新ＣＥＯを選ぶ委員会が設置されます。

当時、メインフレーム事業の売上は90年の１３０億ドルから93年予測は70億ドル以下と急減しており、このままでは最悪の事態になると予想されていました。

ＣＥＯ選考委員会の強い説得で、新ＣＥＯとなったのがルイス・ガースナーです。マッキンゼー社からアメリカン・エキスプレスに移り、ＲＪＲナビスコでＣＥＯとして辣腕をふるっていた彼は、倒産寸前の苦境にあったＩＢＭを、どのように変革したのでしょうか。

●ＩＢＭの三重苦は、どの組織でも陥る可能性がある

ガースナーが新ＣＥＯに就任したとき、ＩＢＭは極めて困難な3つの問題に直面していました。長い間、抜本的な対策が行われず、危機的なレベルに達していたのです。

①主力事業が衰退期に入ってしまった

ＩＢＭは大型コンピューターを全社的に導入する大規模なシステムを長年顧客に提供しており、その互換性から顧客は継続的にＩＢＭ製品を使用してきました。ところがＰＣ全盛期になると、他社が互換性を持ち、データベースソフトだけ、ＯＳだけ、ハードディスクだけを販売する企業が無数に登場して、ＩＢＭの牙城を崩してきたのです。

②組織自体が古い慣習で運営され、高コスト・非効率だった

過去、成功していた企業にありがちですが、当時のＩＢＭはライバル他社に比較して高コスト・非効率でした。売上高経費率は、他社平均が1ドル当たり31セントに比べ、ＩＢＭは42セント、ガースナーの就任当時にはＣＩＯ（最高情報責任者）は１２８人もいました（その後の改革で、ＣＩＯは全社にたった一人となった）。

③自社を新たな繁栄に導く目標・事業ターゲットが見えていなかった

苦境にある企業が、大規模なリストラやコスト削減を重要視することは多いものです。しかし、抜本的な改善には「売れる新商品・新サービス」が不可欠です。

仲間である社員のクビが切られ、予算の削減のみが続く状況では、組織に属する人間が耐えられなくなるからです。

ガースナーはIBMの資料を見た当初の感想を、次のように述べています。

「受け取った書類に基づいて判断するなら、IBMを救える確率も、自分がこの仕事を引き受ける確率も二〇パーセント以下」（『巨象も踊る』山岡洋一／高遠裕子訳、日本経済新聞出版より）

しかし選考委員の一人、ジム・バークの「アメリカのために引き受けて欲しい」という言葉にガースナーは動かされます。IBMは実行に導ける変革者を求めているという訴えを聞き、彼は世界レベルの挑戦を決意、IBMの新CEOに就任します。

●ガースナーの「人を変えていく組織マネジメント」

ガースナーは1993年の3月に新CEOに就任後、次々とIBMの社内組織、経営幹部と直接の対話を重ねます。彼は思い込みで判断するのではなく、世界中の責任者の元に自ら出向いて、トップとして直接に実情を把握したのです。

【ガースナーが最初の経営幹部会議で伝えた5つの重要方針】（同書より抜粋・要約）

①手続きではなく、原則で管理する
②われわれがやるべきことのすべてを決めるのは市場である
③社内政治を弄する幹部は解雇する
④問題を上にあげず、横の連絡で解決してほしい
⑤組織の階層や肩書は私には無意味で、貢献によってだけ評価する

ＩＢＭは長い成功の時代を経て、極端に内向きの組織に変容していました。部門ごとに権力者がいて、まったく違う方向性を打ち出していました。世界中で数百もの広告代理店と個別に契約を行い、バラバラなメッセージを同じ雑誌に掲載するほど混乱していたのです。

ガースナーは「組織の階層や肩書」が、この危機に幹部の身を守る盾にはならないと語りました。ＩＢＭ再生に貢献しない者は、降格も辞さない覚悟を示したのです。

彼は一時的に、社内の古い権力者たちから猛烈な反発を食らいますが、一貫して「社内志向ではなく顧客志向へ」という指標を掲げて指導を続けます。ＩＢＭ社員は社内政治ではなく顧客に向き合い始め、全社の効率を追求できる組織に生まれ変わったのです。改革への抵抗勢力となった者は権限を奪われました。ＩＢＭは市場を意識し、顧客のニーズに応《こた》え、顧客にとっての付加価値を増大させる組織にやがて急速に戻っていきます。

組織を「新たな波に乗せる」ためにリーダーがすべきこと

ＩＢＭが直面した三重苦は、どの企業でも起こり得る大問題です。あらゆる企業は、競合他社の新製品や時代の変化でいつか年老いるためです。

ガースナーは短期的には、可能な限りの無駄な資産売却、コスト削減のリエンジニアリング、主力のメインフレーム製品価格の大幅な見直しを行い、倒産の危機を回避しました。その後、メインフレームは価格当たりの性能を劇的に向上させて販売を回復します。

一方で、長期的に彼が取り組んだのは「新たな企業文化の育成」「新しいＩＢＭのポジショニング」の２つでした。

『巨象も踊る』でガースナーは、まずプロセスの破壊が必要だったと語っています。形式が幅を利かせ、会社に成功をもたらす要因が忘れ去られていたからです。ガースナーが原則に従って動く文化を作ったことで、組織は目標達成のために稼働するようになりました。

不振を極めた当時、ＩＢＭは顧客をあまり理解せず、社員は組織内での地位を最も気にしていました。それを「顧客への貢献こそがＩＢＭの価値」に転換したのです。

さらにガースナーは、ＩＢＭが業界で再び№１の地位に返り咲ける新たな立ち位置を模索し、発見することに成功します。「ｅビジネス」という標語に象徴された、ネットワーク中心のコンピューティングです。

１９９５年には、ガースナーは「ネットワーク中心型コンピューティングと呼ぶべきものがパソコン支配を終わらせようとしている」という主旨の講演を行います。

ガースナーとＩＢＭは、顧客にネットワークの価値と、それがビジネスに与える将来の影響を鋭く描き出したのです。もちろん、顧客がネットワーク型ビジネスを成功させるためのサポートの中心にあるのは、ＩＢＭの製品とサービスです。

ネットワーク型コンピューティングに焦点を絞り、顧客にその重要性を広く伝えることは、ＩＢＭの技術力と人的資産を、顧客が熱望し再評価するものに変えたのです。

ルイス・ガースナー

１９４２年生まれ。マッキンゼー社に入社後、アメリカン・エキスプレスや、ＲＪＲナビスコ（ＣＥＯ）で活躍。不振のＩＢＭをわずか数年で復活させた辣腕の経営者。

25 『ウィニング　勝利の経営』（ジャック・ウェルチ他）

2005年刊

経営者

リーダーの条件とは他人を成長させること

どのような一流企業・組織であっても歴史を積み重ねると活力を失いがち。その問題に敢然と立ち向かった一人のリーダーは、巨大組織に劇的な変革をもたらしました。

巨大組織GEを再び勝者にした人物

ジャック・ウェルチは、1981年に巨大企業GEの会長兼CEOに就任し、のちに「20世紀最高の経営者」と呼ばれた人物です。GEは1890年代に設立され、現在までアメリカを代表する優良企業として存続してきています。

しかし、肥大化した組織は徐々に鋭さを失い、製品群の拡大で個々の競争力が失われていきました。1970年代にはGEに「利益なき成長」という言葉が使われるようになり、同時期に台頭した日本の家電製品メーカーの攻勢にも苦しむことになります。

1970年にはコンピューター部門を売却し、拡大路線の収束を開始します。

「No.1かNo.2になれる事業だけに特化する」

これはGEを率いたウェルチのスローガンの中でも、最も有名な一つです。ウェルチがリーダーとなった1980年代に、GEは100億ドルの事業を処分し、190億ドルの買収を行います。不採算だった自社の伝統事業を売却しながら、収益性が高く、なおかつ規模の優位性が発揮できるハイテク・金融産業への投資を行ったのです。

「経営陣が社員や事業をトップレベルとボトムレベルに峻別し、有能な社員や事業を育て、駄目な社員や事業を淘汰していく会社は勝ち残る。どの事業も社員も同等に扱われ、どの事業にもすべて均等に賭け金をばら撒くような会社は苦しむことになる」(『ウィニング 勝利の経営』斎藤聖美訳、日本経済新聞出版より)

高い成長と収益性が見込まれる分野へと事業構成を変える一方で、ウェルチは企業文化の見直し、組織構造の改変、生産性の向上などに取り組みます。

オブラートにつつんだ言葉より、ストレートなコミュニケーションを促進させ、組織構造としては何重もの階層を破壊し、現場とトップマネジメントが近い関係を築き、「シックスシグマ」という生産性向上プログラムを導入しました。

一連の劇的な改革で、リストラクチャリング（事業再構築）の代表例の一つとなったGEは、急速に収益性と成長性を取り戻していくことになりました。

●事業・人を選別し、見返りの最も高いものに投資せよ

ただしウェルチの改革はまったく痛みのないものではありませんでした。

ウェルチがCEOに就任したときは40万人以上いたGEの社員は、80年代後半には30万人以下に急速にスリム化されました。

不採算事業の従業員や成績の悪い社員は次々と職を失ったため、ウェルチは「クビ切りジャック」と呼ばれたほどです。過激な人員削減が（結果として）行われたからです。

「マネジャーは部下を人事査定してトップ二〇%、ミドル七〇%、ボトム一〇%の三つのカテゴリーに分類する。それから（ここからが重要なのだ）、マネジャーはその分類に従って行動

する」（同書より）

「行動する」とは、トップ20％に手厚い待遇を与えること、ミドル70％には能力開発の機会と人事異動により新しい経験を与えて引き上げること、ボトム10％には離職を勧めることを意味します。

「研修を受けさせ、建設的なアドバイスを与え、慎重に目標を与えることがミドル七〇％を管理するアプローチとなる。このカテゴリーの中で有望と思われる社員には、多くの事業部に異動させ、異なる業務に就かせて経験と知識を身につける機会を与え、彼らのリーダーシップ・スキルを試すべきだ」（同書より）

人材選別の目的はクビを切ることではなく、会社を支える70％のミドルを含めて、もっと成長したいという刺激を全社員に与えることです。ミドルから上のレベルに上がる可能性のある人を見出し、効果的に育成するためでもあったのです。

●組織全員の頭脳で問題解決を提案させる

人材活性化の研修として、ウェルチが指揮をとる中で確立されたのが有名なGEのワークアウトです。30名から100名の社員が集まり、外部の進行役を招いて「仕事の改善点」「官僚主義の打破」「仕事の障害を取り除く方法」などを徹底的に議論します。

その結果、出てきた提案の75%には、その場でトップがイエスかノーかを回答し、残りの25%は30日以内に解決をするのです。

ワークアウトの場では、なにより率直な意見交換とオープンな発言が求められます。

「家電製品部門で働く中年の社員は、あるワークアウトで、何千人の思いを代表してこう言った。『二五年間、会社は私の手の働きにお金を払ってきました。私の頭脳を、ただで使えたというのに』

ワークアウトのおかげで、ついに私たちはその両方を得ることができるようになった」（同書より）

全員の「頭脳を」会社の問題解決と生産性の向上に参加させるワークアウトは、エンジンの製造工程の改善から、クレジットカード利用客への効率的な請求方法まで、多くのGEの問題解決に寄与してきました。開始からこれまで無数のワークアウトが実施され、GEのビジネス課題解決力を大きく飛躍させてきたのです。

リーダーの条件とは、他人を成長させること

46歳という若さで会長兼CEOに大抜擢されたウェルチは、リーダーの役割をどう語っているのでしょうか。

彼はリーダーの成功とは「他人を成長させること」だと指摘しています。

またリーダーには8つのすべきことがあると彼は書いています。

【リーダーがすべき8つのこと】（同書より要約）

①チームの成績向上を全力でサポートし、メンバーに自信を持たせる
②部下がビジョンにどっぷり浸《つ》かるようにさせる
③みんなの懐《ふところ》に飛び込み、ポジティブなエネルギーを注ぎ込む
④率直な態度、透明性、信用などから信頼関係を築く

⑤人から嫌われるような決断を下す勇気を持つ
⑥猜疑心と言ってもよい強い好奇心で、部下に質問・プッシュし部下を行動させる
⑦リスクを取り、学ぶことを奨励し、自ら手本を示す
⑧派手にお祝いする

右記を見てわかるように、ウェルチはリーダーに部下の中に入り込み、部下にエネルギーを吹き込み、実行を促す頻繁なコミュニケーションを取るように勧めています。

リーダーは当たり障《さわ》りのない言葉や、社交儀礼のようなソフトで間接的なメッセージを使う必要はありません。そうではなく、何を会社が求め、どんなことが部下一人ひとりの行動に期待されているかをずばり明確に伝えるべきなのです。

そして、相手が実際に行動を起こすまで、延々とメッセージを繰り返す根気強さが、チームに成果を上げさせるリーダーには強く求められているのです。

●ウェルチの強力な指導力にある2つのキーポイント

ウェルチはトップマネジメントを雇用する際の4つの選別基準も挙げています。

①ホンモノであるか（自信と信念を持っているか）
②曲がり角の向こうを見通す能力があるか
③自分よりも優れた聡明な人たちに囲まれる傾向があるか
④力強く立ち直る力があるか

この選別基準から、ウェルチがリーダーに「決断力」「未来を創る力」「逆境を乗り越える力」などを求めていることがわかります。リーダーはリスクを取っても将来を創り上げる意欲を持ち、周囲の顔色を窺《うかが》うようなことをしない者であるべきなのです。

なおウェルチのGE革命には、2つのポイントがあるとウェルチ自身が分析しています。

1つ目は、No.1かNo.2の事業に集中する、という目標（ビジョン）を掲げたことです。企業の未来が過去の延長線上にないとき、これまでとは異なる行動を起こし、その実行を継続する必要があります。そのため、新たな目標を掲げ、そこから全社員の目をそらさせない強いリーダーシップが必要になるのです。

2つ目は、組織の文化・手続きの変更です。あらゆる組織は、長年実施してきた事業に適した構造を持ち、文化が形成されています。しかしそれが非効率となった場合、革新の足を引っ張ることになりかねません。そのため、実行力をひたすら高める新たな文化と手続きが必要になるのです。

効果的な目標がなければ、組織は従来の行動を続けてしまいます。社内文化や手続きを変えなければ、新たな目標を追求することへの拒否感が払拭《ふっしょく》できません。

ウェルチは多くの組織構造を破壊しましたが、建設的な道筋があった上での破壊でした。右の2つのポイントがなければ改革は混乱につながるだけだったかもしれないのです。

ジャック・ウェルチ

1935年生まれ。1968年に最年少でGEのゼネラルマネージャーに昇進し、1981年に会長兼CEOに就任。21年間GEの変革に取り組み、株式時価総額世界1位の企業に育て上げた。

26 『How Google Works』（エリック・シュミット／ジョナサン・ローゼンバーグ他）

2014年

経営者

10倍のスケールで考える

最新技術を元に、飛躍的なプロダクトを開発する企業が増えた現代。マネジメントの手法や発想が大転換する新時代に、世界最先端の成長企業グーグルから学びます。

プロジェクトチームにとんでもない野心を抱かせたら勝てる

１９９８年にスタンフォード大学の学生二人によって創業されたグーグル。同社は今や、世界のネット検索で支配的なポジションを獲得する巨大企業に急成長しました。２０１６年の売上高は、約10兆３０００億円。グーグルの親会社となったアルファベットの時価総額は、２０１７年時点でアップル社に次ぐ世界第2位となっています。

なにより、グーグルの存在を特徴づけているのは未来への進化を今も加速させていることとです。人工知能開発、自動車の自動運転など、ネット検索エンジンの枠組みを超えて、新しい社会像を模索し続けていることが世界中に知られています。

『How Google Works』（土方奈美訳、日本経済新聞出版）は、いくつかの企業で経営的な立場だったエリック・シュミットが同社に参加して、様々なマネジメントの新思想に触れたことから描かれています。

冒頭にはグーグル創業者ラリー・ペイジの鋭い序文が紹介されています。

「経営者をしていて意外だったのは、プロジェクトチームにとんでもない野心を抱かせるのは、とても難しいということだ。どうやらたいていの人は型破りな発想をするような教育を受けていないらしい」

「たいていの会社はこれまでやってきたことを継続し、多少の漸進的な変化を加えるだけで満足している。だが、漸進的アプローチではいずれ時代に取り残される。とくにテクノロジーの世界では漸進的進化ではなく、革命的変化が起こりやすいからだ」（ともに同書より）

ペイジたち創業メンバーは、突出した技術で会社を立ち上げました。組織が拡大していく中で、従来の古いマネジメント手法にこだわらず、新しい発想でグーグルと社員を育てていったのです（エリック・シュミットはその内容に触れて衝撃を受けた）。

わずか20年で、時価総額世界2位の会社まで超弩級《どきゅう》のスピード成長をしたグーグル。彼らはどんなマネジメントの魔法を使って、この急成長を実現したのでしょうか。

従来の経営管理は、優秀な人材をスポイルする

ラリー・ペイジのアドバイザーとなったジョナサン・ローゼンバーグ（『How Google Works』の共著者）が、ラリーに既存のプロダクト開発手法による精緻な計画を提出した時、模範的な計画書を見て、ラリーは次のように言ったのです。

「『担当チームが計画を前倒しで達成したなんて例を聞いたことがあるかい?』。いや……ありません。『君の部下たちが、計画を超えるプロダクトを仕上げたことがあるかい?』。それもありませんね。『じゃあ、計画なんて何のためにあるんだい?　ぼくらの手足をしばるだけじゃないか。エンジニア連中のところに行って、話をしてみろよ』」（同書より）

エリックとジョナサンは、グーグルが既存のマネジメントとはまったく違う法則を使って組織を活性化し、社員のやる気や成果を他社と比較にならない高いレベルまで伸ばしていることに気づいたのです。

エリックとジョナサンは、すでにいくつかの企業でマネジメントの成功体験を持っていました。しかしグーグルでの強烈な体験は、彼らにゼロから再びマネジメントを研究する機会を与えたのです。彼らは古い成功体験を捨て、新たな現実に目を開きました。

グーグルでは突出して才能のある人たちを「スマート・クリエイティブ」と呼んでいます。専門性とビジネススキル、創造力を併せ持っているこのスマート・クリエイティブは、自分が合わない水（職場環境）には住まず、ここはダメだと思ったらさっさと出て行ってしまいます。トップの中のトップ人材を引き寄せて期待を超える活躍をさせるには、従来とは違う文化で組織をまとめなければならないのです。

逆に言えば、従来型のマネジメントや組織管理をやみくもに信じる企業は、知らないうちに最上級の人材から避けられる存在になっているかもしれないのです。

成長を最優先するから、斬新なアイデアが生まれる

小さな思考の枠組みから脱出する最もシンプルな方法の一つは、「大きな成長を目指す」ことです。どうすれば大きく成長できるか考えることで、斬新なアイデアや仕組みを受け入れる素地が頭の中にできるからです。

「大きな成功をつかみたいなら、単に『成長する』だけでは足りない。『スケールする』必要がある。英語でスケールというと体重計、あるいは階段などを『登る』という動詞として使われるのが一般的だが、ここではまったく新しい意味で使っている。何かを猛烈なスピードで、グローバルに成長させることだ」（同書より）

大きくスケールしているビジネスが、どんな姿をしているかを知ることも、重要です。エリックは、特にプラットフォームとエコシステムの重要性を指摘しています。

「ここにおいて非常に重要なのが『エコシステム』だ。インターネットの世紀に大きな成功をつかむリーダーとは、プラットフォームを生み出し、一気に成長させる方法を知っている

人物だ。プラットフォームとは、ユーザーやプロバイダの集団を一つにまとめ、多面的市場をつくりだすようなプロダクト群やサービス群だ」（同書より）

リーダーが考えるべきことの一つは、「現状のままで大きくスケールできるか？」です。もし答えがノーならば、何が自分たちに欠けているのかを問うのです。自分たちが急拡大するつもりがなくとも、この質問には答える必要があります。他社が今、スケールのための斬新なアイデアを練っており、これから業界地図を塗り替える革新に、あなたの会社も飲み込まれるかもしれないのですから。

グーグルが組織から革新を生み出すためにしている6つのこと

エリックとジョナサンは、グーグルで学んだマネジメントの新発想を6つの領域に区分しています（以下、同書より抜粋・要約）。

①文化──優れた社員を孤立させない

グーグルの基本的な姿勢を決める思想。一番影響力の大きい人を中心に会社をつくる。

「イエス」の文化を醸成するなど。優れた社員を孤立させず、他の優秀な社員との摩擦（接触）がある環境を維持するなど。小さなチーム単位を活用することも。

②戦略――成長を最優先する

計画よりも推移から学び、失敗を成功に結びつける。市場調査よりも技術的アイデアに賭ける。成長を最優先する。ライバルに追随しないなど。最新の技術からプロダクトを導くことは、市場調査を超える革新を生み出す元になる。

③人材――欲しい人材の基準を明確にする

経営者の一番重要な仕事は「採用」であり、優秀な人間が集まる会社にはさらに優秀な人間を引き寄せる魅力が生まれる。「ラーニング・アニマル」を採用するなど、グーグルは欲しい人材の基準を明確に絞り込み、経営陣は採用に最大の努力を注ぐ。

④意思決定――決定権者は誰かをはっきりさせる

最良の決断に焦点を合わせるために、人材・組織を組み合わせる。また意思決定そのものだけでなく、プロセスや決定の実行にも注意する。あらゆる会議には決定権者のオーナーを設定して、責任を持つ人物を最初から明確にしておく。

⑤コミュニケーション——情報はオープンにする

そのコミュニケーションが重要なテーマを扱っているか確認する。組織内で常に会話のきっかけをつくる仕組みを準備する。基本的に社内に隠し事をなくし、初期設定はすべてオープンにしておく。情報の重要性と人間関係を両立させていく。

⑥イノベーション——大きな発想を描く

定義は「斬新で有用なアイデアを生み出し、実行に移すこと」。新機能だけでなく、意外性も不可欠。小さな発想を避けて「その10倍のスケールで考える」。10％の燃費向上ではなく、リッター200キロ走る車をつくるにはどうするか、のように。

組織には成果よりも「組織の存続」を重視する考え方が根付いてしまうことも多いものです。結果として、既存の組織や体制を破壊するような斬新なアイデアは、絶対に出てこないのです。

グーグルのマネジメントは、「最高のゴールを達成する」ことからすべてを逆算するため、不要なものを一切そぎ落とす力を発揮しています。この逆算志向の徹底こそが、グーグルがとびきり野心的な目標を見事に達成し続ける組織を育て、運用を続けることに成功している秘密だと思われるのです。

小さな一歩ではなく、大きな飛躍を量産できる新しい組織へ

『How Google Works』の著者の一人、エリック・シュミットは、2013年のクリスマス休暇で子供たちと過ごした時にあることに驚きます。家族団欒の合間に、ビデオを見ることを許された子供たちは、テレビに一切触ることなくビデオ鑑賞を楽しんだのです。すべてウェブやモバイルアプリで視聴でき、子供たちの日常にすでにテレビがないことに、エリックは衝撃を受けたのです。

誰かが劇的な飛躍や革新的なサービスを開発する新時代には、大きな飛躍を無視していると、完全に取り残されて消滅する恐れがあります。

「ラリー・ペイジはよく、CEOの仕事はコアビジネスについて考えることだけでなく、未来について考えることだ、と口にする。企業が潰れるのは、たいてい自分たちがやってきた

■飛躍する組織のつくり方

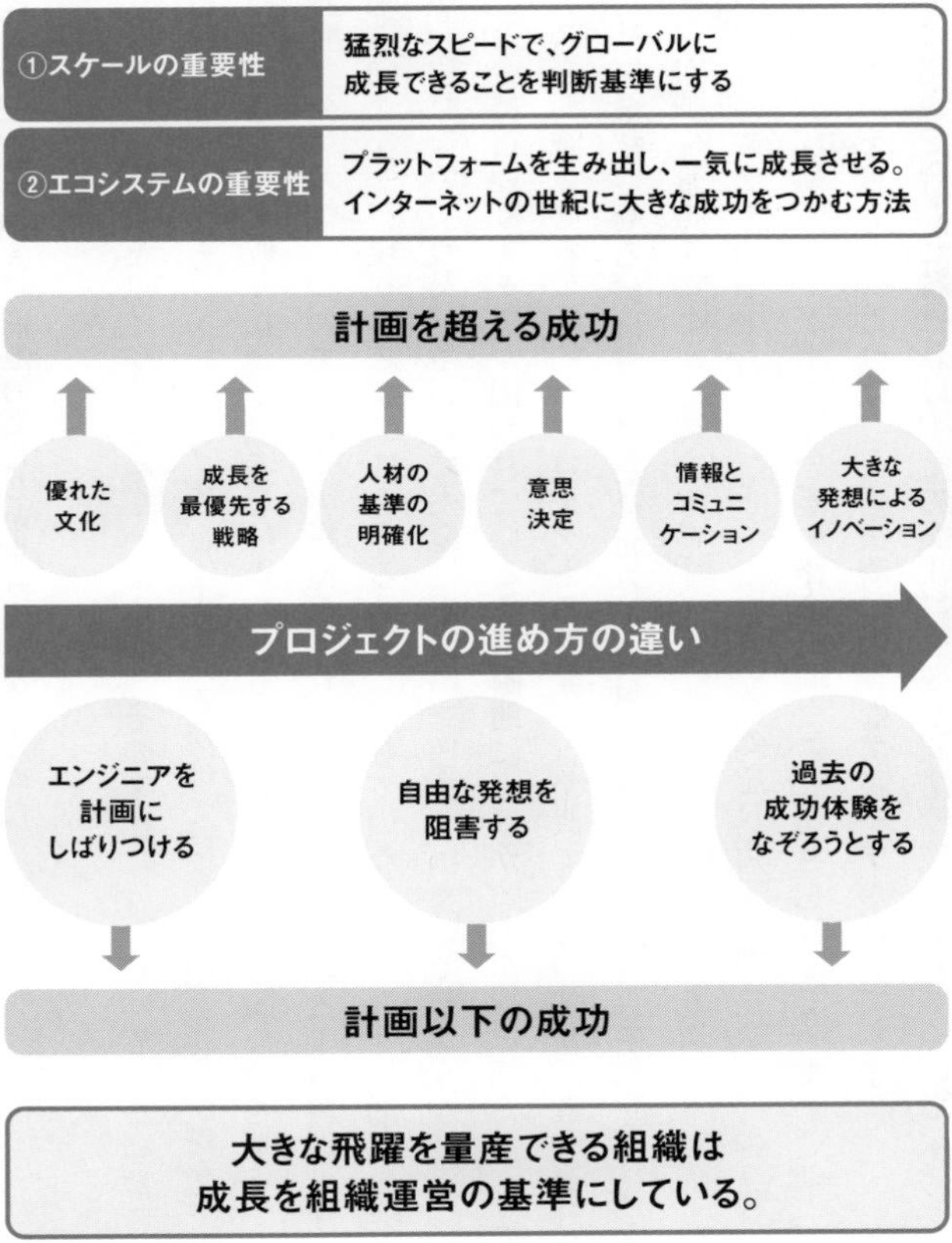
①スケールの重要性
猛烈なスピードで、グローバルに
成長できることを判断基準にする
②エコシステムの重要性
プラットフォームを生み出し、一気に成長させる。
インターネットの世紀に大きな成功をつかむ方法
計画を超える成功
優れた文化
成長を最優先する戦略
人材の基準の明確化
意思決定
情報とコミュニケーション
大きな発想によるイノベーション
プロジェクトの進め方の違い
エンジニアを計画にしばりつける
自由な発想を阻害する
過去の成功体験をなぞろうとする
計画以下の成功
大きな飛躍を量産できる組織は
成長を組織運営の基準にしている。

ことにあぐらをかき、漸進的変化しか生み出さないためだ」（同書より）

〝未来〟という言葉をペイジは使っていますが、その変化に目を向けている経営者、リーダーは少ないのではないでしょうか。足下を見るだけでは漸進的変化しか構想できません。その小さな枠を取り払って思考し行動できる者が、未来を描き摑むのです。

日本企業の生産性について、多くの指摘がされています。結局のところ組織のリーダーに未来志向がなく、現在のビジネスを守る活動しかしていないことも、労働者の疲弊と生産性が一致しない（残業が多いのに生産性が低い）理由ではないでしょうか。

過去と今に古いリーダーが囚《とら》われているこの瞬間に、遥か頭上を飛び越えて、こちらのビジネスを消滅させる革新的なプロダクトの開発が行われているのです。この流れに対抗して自社を飛躍させるには、小さな枠組みを社員全体に飛び越えさせるマネジメントを、リーダーが強く目指すことが必要なのです。

「その10倍のスケールで考えろ」「とんでもない高みを目指す姿勢」など、エリックが強調する言葉は、リーダーが小さな思考の枠を破壊する大切さを教えています。

成長に焦点を合わせ続ければ、その実現に必要なアイデアが湧いてきます。

飛躍に焦点を合わせ続ければ、その実現に必要な組織構造を思いつくのです。

グーグルはとんでもない高みを目指す姿勢で発想と改善を続け、世界を変える強大なパワーを持つ企業へと成長を遂げて、今もなお進化を続けているのです。

エリック・シュミット

1955年生まれ。電気工学・計算機科学などを学ぶ。サン・マイクロシステムズなどを経て2001年から10年間グーグルのCEOを務める。同社の持ち株会社の取締役会長を歴任。エリック・シュミット／ジョナサン・ローゼンバーグ他

ジョナサン・ローゼンバーグ

グーグルの上級副社長としてプロダクトチームの責任者などを歴任。

第9章

20・21世紀の政治家のリーダー論

問題や未来の変化に対応する重要な力のひとつ、「決断力」。リーダーは自ら問題を把握して、効果的な決断をすることで組織全体の問題解決力を集約させる。究極の決断を迫られたとき、リーダーであるあなたは心にどんな未来を思い描くのか。その思い描いた未来こそが、現実を変えていく力になります。

第2次世界大戦で英国がもっとも苦しい時期、首相となったチャーチルが自国の敗北、全面降伏を心に描いたら、歴史は果たしてどうなっていたか。その意味で、健全で優れた未来を心にまず構築する、精神的な強さがリーダーには要求されます。

過去50年間の米軍の歩みを体現したパウエルの『リーダーになる人の心得』では、問題から逃げず、問題を解決し続けることこそがリーダーの役割であるとの、強いメッセージが述べられています。リーダーの決断は、窮地の集団を救いもすれば、全滅の悲劇にも導く。だからこそ、決断の責任を一身に背負いながらも、冷静な精神を失わない強さが求められるのです。危機は忘れたころにやってきます。そのときに、あなたこそが真のリーダーであったと証明するためには、並外れた決断力の土壌を日常から養う必要があるのです。

決断力という視点から理解できるもう1つのことは、ごく普通の人は重圧のある状況を嫌い、そのような状況から少しでも早く抜け出そうとすることです。結果として、重圧から抜け出すことが目標になってしまい、真の問題解決からは遠い選択をしてしまう。本人は重圧から逃れてほっとするでしょうが、彼が率いる集団にとっては最善の選択を逃がした手痛い失敗となるでしょう。その意味で、重圧が続いても、最善の道に向かうのであれば、重圧に屈せずに歩み続ける精神力がリーダーに求められることがわかります。

最善の道を選んでいるならば、むしろ重圧はリーダーの愉しみになるべきかもしれないと言えば、厳しすぎるでしょうか。その重圧が、あなたと集団の本当の勝利を予告してくれているのですから。

27 『第二次世界大戦』（ウィンストン・チャーチル）

1948－1953年刊

政治家・軍人

大局的に物事を考える

世界中が悲惨な戦争に巻き込まれた第二次世界大戦。その時、何人ものリーダーが登場しましたが、大きな足跡を残したウィンストン・チャーチルの決断は特に光ります。

● 巨大な運命を前に決断した人物

ウィンストン・チャーチルは、イギリスの首相まで務めた人物として有名です。チャーチルは陸軍士官学校を卒業し、1895年から戦地で兵役についています。第一次世界大戦を海軍大臣として、第二次世界大戦を首相として経験した稀有《けう》な生涯を送りました。

イギリスの首相に任命された時を、チャーチルは回顧録で次のように振り返っています。

「ついに私は、全分野にわたって指令を発する権力を持った。私は運命と共に歩いているような気がした。私には戦争のことなら、なんでも知っている自信があった。私の生涯のすべては、ただこの時、この一大試練のために準備されたものであるという気がした」（『第二次大戦回顧録抄』毎日新聞社編訳、中公文庫より）

当時はドイツのヒトラーが台頭し第二次世界大戦が勃発、欧州全体は火急の事態となり、ノルウェーやデンマーク、ベルギーがドイツ軍に蹂躙《じゅうりん》されていました。火の粉はいまにもイギリスに降りかかり、イタリア、日本の動向も注視すべき状態でした。そのような巨大な困難に祖国が直面したとき、チャーチルは自分のあらゆる過去の経験を動員し、リーダーとしてその難局に勝利する決意を固めていたのです。

大局観なく、世界から孤立した日本の失敗

組織の命運を握るリーダーは、優れた大局観を持っていなければなりません。目の前の

短期的な現象だけでなく、長期的に（あるいは）広く全体として見た場合、結局はどうなるのかを知ることは、決断の成否を大きく左右するからです。

チャーチルは、日本軍の真珠湾攻撃が行われた1941年12月を、回顧録で次のように語っています（この時期、ドイツはロシア侵攻が泥沼になり、敗北に向かい始めた）。

「ヒトラーの運命もムッソリーニの運命も、すでに定まった。日本も滅びなければならない。われわれは、いま、ソ連とも手をたずさえている。アメリカの力は、敵の力の二倍も三倍もあるのだ。われわれが、力を合わせて戦えば、世界中のどの国をも打ち破ることができるはずである」（同書より）

その後、東南アジアの海域に日本軍が進出した時、イギリスが誇る最新鋭戦艦「プリンス・オブ・ウェールズ」「レパルス」の2隻が日本軍に撃沈されます。

このニュースでチャーチルは大きなショックを受けますが、勝利の確信は揺らぎませんでした。

「私は日本のために、これから非常な打撃を受けようとしていることを、少しもかくさな

かった。しかし、世界の五分の四はわれわれの側に立って戦っており、最後の勝利は信じていた」（同書より）

チャーチルの言葉から見えるのは、彼が世界的な同盟国のネットワーク構築を狙ったこと、勝つために強力な味方を増やすことを何より重視したことです。一方の日本は、勝つことが不可能な無謀な戦いに（愚かにも）足を踏み込んでしまったのです。

世界の五分の四を敵に回して、なおかつ１９４５年春にドイツが敗戦を迎えます。日本はたった一国で文字通り世界中を敵に回して戦争を続ける苦境に陥りました。

日本の市井の人の中には、ドイツ敗戦の報を聞いて涙を流した人たちが大勢いました。もはや戦闘を続けているのは日本だけで、それは日本国の滅亡を意味したからです。

チャーチルの勝利へのリーダーシップ、４つのポイント

チャーチルは、困難を前にしたリーダーシップとはどんなものであるか、回顧録にいろいろなヒントを残しています。彼の行動から４つを取り上げてみます。

①国民に現実を隠さず伝えながらも、勝利の確信を与える
②最前線の将官に実力を１００％発揮させる
③大局観を伴った決断をする
④勝利のために何が必要かを見極めた計画と行動をする

チャーチルは、目下のところ敵のほうが戦力は遥かに優勢であることを、議会や国民に一切隠しませんでした。事実を率直に伝えながら、適切な対策を重ねていくことで、最後の勝利はイギリスと連合国側にあることを力説したのです。

また、軍人出身であることで、最前線での適材適所、すなわち将兵がどうすれば全力を尽くすことができるかを適切に判断することができました。これは最前線の手足を縛るような日本軍とは対極の指揮だと言えるでしょう。

さらに大局観を持ち、世界の超大国であるイギリス・ソ連・アメリカの連合国を組み合わせて必勝の態勢をつくり上げています。

これは、日本海軍の山本五十六大将が、真珠湾攻撃を前にして天皇から勝算を聞かれた時「半年や1年は大いに暴れてみせますが、それ以降はわかりません」と答えた姿と大きくかけ離れています。

そのわずか4年後に日本は敗戦国となり、300万人が死亡、主要な都市は一面の焼け野原となったのですから。

「日本軍の計画は、非常に厳格だったが、計画が予定どおりに進行しないと、目的を捨ててしまうことが多かった。(中略)もう一つ重要なことは、アメリカの情報の取りかたが、非常に発達していて、敵が最も厳重に守る秘密を、はるか前に見破ることに成功していた」(同書より)

日本はイギリスの逆で、リーダーとなった人物は世界レベルで比較した場合、未熟で思慮が浅く、優れた大局観なきままに物事を進めて国家を破滅させたのです。

権力が下劣になるとき、神の賜物になるとき

リーダーとは、役職に任命された日に急になれるものではありません。そうではなく、今日という日に何を積み重ねているか、その集大成がリーダーとしての道に続くのです。

「権力というものは、これが他人に対して傲然たる態度で臨むか、あるいは自分自身に錦を飾るためのものである時は、下劣と判断されるのは当然である。しかし国家存亡の危機に際して、いかなる命令を下せばよいかを知っていると信ずる者に与えられる権力こそは、まさに神の賜物である」（同書より）

他人に優越するため、私利私欲のための権力は下劣。一方で、問題に立ち向かう術《すべ》を身につけた者が、その手に権力を得るときには貴重な道具となる。それはチャーチル自身の生き方にも重なります。

チャーチルは14世紀に先祖が大きな功績を立てた、代々続く名門の家柄に生まれていますが、彼自身は劣等生の学生時代を送り、政治家だった父は不遇のまま世を去りました。しかし若くして兵役についた彼は、歴史を学び続け、いくつもの戦場で勇敢に戦い行動します。それから長い年月を経る中で、彼は第二次世界大戦という、イギリスの歴史でも最も大きな困難の一つに立ち向かうリーダーに成長したのです。

チャーチルは、今日という一日を意味ある行動に捧げて自らを鍛え続けました。そのような人物だからこそ、与えられた地位に相応《ふさわ》しい責務をみごとに果たしたのです。

ウィンストン・チャーチル

1874年生まれ。イギリスの軍人、政治家。1940年に英首相となり、第二次世界大戦ではドイツ、日本と戦った。イギリス本土爆撃などで、国民を支えた演説で有名。

28 『リーダーを目指す人の心得』（コリン・パウエル）

2012年刊

政治家／軍人

問題を解決するのがリーダーの役割

究極の闘争である戦争。世界の覇権国家として最強の軍隊を持つアメリカで、軍人・政治家として、優れたリーダーとして高く評価され続けたコリン・パウエルから学びます。

米軍の過去50年と共に、昇進を続けた人物

過去100年間、地球上で最も戦争に精通した存在は、恐らく米軍でしょう。18世紀から続く領土拡大戦争を終えたのち、米軍は第一次世界大戦、第二次世界大戦で勝敗を決定する役割を演じています。朝鮮戦争やその後の東西冷戦、中東への派兵やアフリカ、南米への影響力の行使など、世界の覇権国家としてアメリカは戦争を続けてきました。

戦争はあらゆる意味で闘争の究極の形態です。戦争には想定外は許されません。極限状態である戦争、戦場ではリーダーシップが決定的な意味を持ちます。リーダーの優秀性の如何《いかん》で、多数の部下の命が失われることも、救われることもあるのですから。

そのような過酷な環境に直面し続ける米軍内で、50年間にわたり、組織から強い信頼を得てきた人物がいます。元統合参謀本部議長のコリン・パウエルです。

パウエルは、1937年に在米ジャマイカ人2世として生まれます。ニューヨーク市立大学で学びながら、予備役将校訓練を受講していました。

ベトナム戦争では2度の従軍を経験し、1987年からは当時のレーガン大統領の補佐官として国家安全保障問題を担当します。

彼の知名度を世界的に広めたのは、なんといっても1991年の湾岸戦争です。米国4軍（陸・海・空・海兵隊）を統括する統合参謀本部議長として、世界のメディアに度々顔を出したからです。

叩き上げの軍人として、また国防を担当する政治家として、パウエルは多くの成果を上げ、様々な組織を率いて高い評価を得ました。世界最強の軍隊である米軍の指揮官として、コリン・パウエルは、どのようなリーダーシップを発揮してきたのでしょうか。

●リーダーの仕事は、ずばり問題解決！

パウエルは、リーダーという存在を「問題を解決する人」と明確に定義しています。彼は「常に問題を探して歩け」とまで書いています。パウエルは、組織内をぶらぶらと歩き回ることを習慣にしており、公式なルートで情報が上がる前に、各部署の担当者と率直に話し合う機会を常に設けるように意図していました。

「問題解決こそリーダーがすることだと考え、私は生きてきた。問題を解決しなくなったら、あるいは、問題にきちんと対処できなくなったら、もう人の上には立てなくなったということだろう」

「机の上になにもなく、誰も問題を持ち込んでこないなら、不安を感じなければならない。あなたでは問題を解決できない、あるいは、あなたはそういう話を聞きたくないと思われているのかもしれない。（中略）いずれにせよ、部下の信頼を失い、リーダーではなくなったわけだ――ドアにどういう階級や役職が書かれていようとも」（ともに『リーダーを目指す人の心得』井口耕二訳、飛鳥新社より）

責任から逃げることに血道をあげる、解決すべき問題から目をそらして、自分の任期中にはその蓋を決して開けない偽物のリーダーなら、私たちはいくらでも目にします。

しかし軍事組織では、問題から目をそらして解決から逃げることは致命的な結果を招きます。パウエルは自分のところに来た問題は、必ず解決したと語っています。

優れたリーダーは問題から逃げず、きちんと解決する姿勢を持っている。この一貫した姿勢は、パウエルが史上最年少で統合参謀本部議長となった理由の一つなのでしょう。

●歴戦の指導者パウエルの人を動かす原則

パウエルは、人を動かす6つの原則を掲げています。

彼の部下指導、人を動かす原則の特徴は「問題を自ら解決する組織」の構築です。

軍事組織でありながら、強権による頭ごなしの命令ではなく、部下を人間として扱い、彼らが自ら問題を効果的に解決していく姿勢と意欲を定着させていくスタイルでした。

【パウエルの人を動かす6つの原則】

①部下を信じる
②まず部下を尊敬せよ
③しかるべき教育を与える
④間違いを見過ごさない
⑤現場が正しくスタッフは間違っている
⑥人材の「組み合わせの妙」

右のリストで勘違いしてはいけない点は、部下を甘やかすことと敬意を払うことは違う点です。パウエルは「自由と勝手は違う」「リーダーである以上、馴れ合わず一線を引く」などの厳しい指摘もしています。

その上で、教育を重視しています。適切に教えるほど、部下も組織も成長していくからです。特に、必要な情報を最も迅速に自分へ報告することなどを部下に強調しています。

パウエルはリーダーシップが兵士一人ひとりから発生すると信じていました。だからこそ、多くの部下がいても、彼らを一人の人間として理解しようと努めたのです。

紹介されている多くの逸話から、パウエルの部下たちが自分の任務に誇りを持ち、緊張感と柔軟性を併せ持つ姿勢を保ちながら、上官であるパウエルに深い信頼を寄せていたことが窺《うかが》えます。彼らは、パウエルが上官であることに強い誇りを抱いたのです。

●臨機応変に窮地を脱するリーダーに部下はついていく

究極的な体験をする軍隊では、リーダーシップをどのように考えているのでしょうか。パウエルはジョージア州で士官として受けた基礎訓練の最後に、年上の軍曹から言われた忠告を書き残しています。

「そのうち、生きるか死ぬかという危険な目に遭う日が来るでしょう。そのとき、兵は皆、恐れ、不安にかられています。(中略)そのとき兵たちは、あなたがどのような方法でこのめちゃくちゃな状況から自分たちを救ってくれるのかを知りたいと思い、最後まであなたと行動をともにするのです」(同書より)

十分に訓練された兵士たちでさえ、リーダーを心から頼る時がいつか来る。そのときに、チームや集団の危機を打開することこそ、真のリーダーに期待されているのです。

ビジネスでも、最も重要な決断は当然リーダーにまわってきます。そのとき、組織全体やチームを救う正しい道を選択できなければなりません。窮地にこそ、リーダーの役割は大きくクローズアップされるのです。

また計画の実行では臨機応変に対処することも、パウエルが重視したことでした。

「私は、計画というものは、実行開始とともに改訂が必要になるとたたき込まれた。また、どこはうまくいき、どこはうまくいかないのかを考え、どちらに転んだときにも対応可能な計画を用意する人間を確保しておかなければならないともたたき込まれた」（同書より）

軍事組織で、計画と異なる現実に右往左往しては、勝利はできません。事前に予想していない方向に、事態が転がることはビジネスでも起こります。そのようなときでも、対応可能にしておくことが、組織のリーダーには要求されるのです。

●日本の高校生から受けた質問

米国陸軍の兵士として、2度もベトナム戦争に従軍したほどの人物なら、鋼鉄のような意志と規律を発揮しても当然だと読者の皆さんは思われるかもしれません。

彼は退官後、世界各地で講演をしていますが、日本のエリート高校で講演を行ったとき、教室の後列の子供たちに質問はないかとたずねたことを書いています（同書より）。

15歳くらいの女の子の質問は、「怖いと思ったことはありますか？」。彼女は「私は、毎日、怖いと思っています。失敗するのが怖いんです」と続けました。

パウエルは、「自分も同じように毎日なにか怖いと思っており、なにか失敗もしている」と答えました。「しかし人生はそういうものだと受け入れて、怖がりながらも前に進まなければならない」と彼らに語ったのです。

リーダーとなる人、すでにリーダーである人も同じ想いを抱いているかもしれません。どんな人生にも、不安や恐れはついて回り、人は失敗してしまう。しかし、そこで立ち止まり、恐怖に負けてしまえば、新たな人生や可能性は切り拓《ひら》けません。

リーダーは失敗の原因を解消し、再び立ち上がり、前に進まなければならないのです。

コリン・パウエルは米軍という世界最強の組織で、一つの時代を代表する活躍をした人物です。現実世界で不安を受け入れながら戦いに勝ち続けるための、強くしなやかな姿勢が彼のリーダーシップ論には貫かれているのです。

コリン・パウエル

1937年生まれ。大学卒業後、陸軍に入り2度ベトナム戦争に従軍。その後に統合参謀本部議長になる。4つの政権で政府の要職を歴任するなど高い支持を得た。

終章
極限状態で問われるリーダーシップ

書籍『アンデスの奇蹟』は、飛行機事故の遭難から、高山の上でサバイバルを余儀なくされた若者の一団の物語です。高山特有の、人間が生きることができない寒さと飢え。激烈な危機を彼らがどう受け止め、次第にリーダーとしての才覚を発揮していく人間が出現する過程が詳しく語られています。多くの若者が命を落としたこの悲惨な事故の中で、本当の危機、極限の環境にいきなり放り込まれたときのリーダーシップの姿もまた浮かび上がります。遭難者たちを、最後の瞬間に救うことになったのは、遭難以前の学生生活では、一度もリーダーシップを発揮したことがない、ナンド・パラードという若者でした。彼は友人が命を落としていく環境で、どんなことに気づいて仲間を救ったのでしょうか。

地球上の最後のフロンティアだった、南極点。その極限の地を目指して争われたレースで、自らのすべてをかけて勝負に挑んだ二人のリーダーがいた。二人の名はアムンセンとスコット。ともに勇敢な人物だった二人は、南極点到達の期待を胸にチームを率いながら酷寒の大地を進みました。２つのチームの結果は永遠の栄光と、心を折る悲劇的な敗北に分かれたが、その運命を分けたのも、やはりリーダーの力だったのです。なぜアムンセンは、極限の地でチームを危険にさらすことなく、栄光を手にすることができたのか。

両者に共通する「極限状態でのリーダーシップ」について考察し、本書を締めたいと致します。

29 『アンデスの奇蹟』（ナンド・パラード他）

極限でのリーダーシップ

リーダーシップとは極限状態で、どのようにあるべきでしょうか。南米の雪山アンデスで遭難した学生たちは、死が身近にある環境から、どのように生還したのでしょうか。

●仲間との楽しいラグビー遠征が突然悲劇のどん底に

1972年の冬、ある凄絶な事件が起きました。南米のアンデス山脈で、学生のラグビー選手団とその家族や知人を乗せた飛行機が墜落したのです。

この旅行はチリのサンティアゴで親善試合を行うためのものでした。しかし悪天候のため航路を誤り、予定のルートを大きく外れて雪山に衝突したのです。

友人や家族を乗せた楽しいフライトのはずが、墜落の際に45名中12名が死亡、その後も負傷者と体力を失った者から次々に死が訪れる悲劇に変わりました。

事故当時、アンデスは天候が非常に悪い時期だったため、多くの若者が遭難した大事故にもかかわらず、救助隊はついに墜落機を発見できませんでした（副操縦士は墜落の直前、管制との通信でクリコを通過したと報告したが、実際はまったく違う場所だった）。乗務員はほぼ全員が墜落時に死亡、ラグビーチームの若者たちは厳寒の雪山に取り残され、食料の一切ない地獄のような状況下でサバイバルを強いられていきます。

生存不可能な雪山でどう生き延びるか

翼をもがれて墜落した飛行機は、かろうじてシェルターのような役割を果たし、生き残った若者たちは、床に寝そべって夜を過ごしました。しかし、高山の恐ろしいほどの寒さに苛《さいな》まれます。飛行機の高度計から、彼らは海抜２１００メートルほどにいると考えていましたが、高度計は壊れており、実際は３７００メートルもの高さにいたのです。日本でいえば、富士山の頂上近くにいたようなものです。

「一瞬、一瞬、さまざまな形で、私たちは苦しんでいたが、最も大きな苦しみの基は、いつも変わらず寒気だった。私たちの体は、決して厳しい寒さに適応しなかった――人間の体には無理なのだ」（『アンデスの奇蹟』海津正彦訳、山と溪谷社より）

南米でも暖かな地域から来ているチームの学生たちは、多くが雪を見たことがなく、遭難したときの服装はワイシャツ程度。雪山は人間の生存可能性を超える条件で、食料も機内のチョコレート数枚と、ワインボトル数本しかありませんでした。

寒さのため、生きる気力を失った者は眠るように亡くなり、生存の意欲はあっても体調がそれを許さない者は、錯乱状態になり、やがて死んでいきました。

生存者で『アンデスの奇蹟』の著者の一人ナンド・パラードは、次のように書いています。

「私は自分の周りにさまざまに異なるあらゆる種類の勇気の形を見ていた。声高な勇気、さりげない勇気など、いろいろ見ていたけれど、生き残った誰もが、一瞬一瞬を、恐怖のうちに生きていたことを知っていたし、そういった恐怖を、自分なりの方法でなんとか凌いでいると知っていた」（同書より）

この遭難ではのちに世界中でニュースになる、仲間の遺体から肉を切り取って食べることまで行われました。一日生きるだけで、極限の精神力を要求する極寒の世界。雪と氷に閉ざされた高山には、動物や草などの食べ物は一切なかったからです。

過度の堅実主義は人を殺しかねない

事故直後のリーダーシップは、ラグビーチームのキャプテンであるマルセロ・ペレスが取りました。ペレスは機内を住む場所に整備し、負傷者を暖かい場所に集め、みんなを懸命に励ましたのです。彼の英雄的な行動は学生たちをパニックから救います。

「夜が明ければ、きっと捜索隊が発見してくれる——悲惨な夜をやり過ごす間中、マルセロ・ペレスはそう言いつづけていた。それで、いまでは全員が確信めいたものを抱いているのだ——じきに国へ帰れる、最大の試練は過ぎた、と」（同書より）

しかし、ペレスの予想は裏切られます。遭難から11日目の朝、無線通信機からラジオ放送を聞いていた彼らは、チリ当局が捜索活動を終了するというニュースを聞きます。冬のアンデスは悪天候が続き、10日を過ぎて生存者の存在は絶望視されたのです。

キャプテンのペレスは、救助隊が来るという自分の信念が裏切られ、精神のバランスを失っていきます。一方で、自力で脱出をしなければと考えていたココやナンドは、自分の気持ちを切り替えて、状況を打破するための模索を始めます。

『アンデスの奇蹟』でナンドは、次のようにペレスの姿を描写しています。

「試合場規則《グラウンド・ルール》が変わったとき、マルセロ・ペレスは、ガラスのように壊れてしまった。暗い影の中ですすり泣いているマルセロを見守りながら、私は、はたと思い当たった――こういった恐ろしい場所では、過度の堅実主義は人を殺しかねない」

「私は自分に誓った――この山々に対して、知ったかぶりはやめる、自分の体験という罠にはまらない、次の展開を下手に予想しない。（中略）一瞬一瞬、一歩一歩を、絶えざる不安の内に生きていこう。もう失うものは何もない、何も私を驚かせることはできない」（ともに同書より）

ラグビーという決められたルールの上で行うゲームでは、その「堅実」な人柄がペレスを優秀なキャプテン（リーダー）にしていました。しかし雪山にはルールを超えた予測できない過酷さがありました。ペレスは異なる現実に直面したとき、新たな現実が求めるリーダーとして豹変すべきだったのです。

結局ペレスは自分を変化させられず、皆に「救助が来る」と信じさせた負い目もあり、自信を失い、リーダーの役割を放棄。彼はその後、雪崩に巻き込まれて死亡します。

極限状態では強権的なリーダーはいらない

救助隊が来ないことをラジオで知り、ペレスが絶望してリーダーの役割を放棄したあと、自力脱出を主張していたナンドがなんとなくリーダーとして期待を集めていきます。

しかし、彼はもともとリーダーとは程遠い資質と性格の持ち主でした。

「私はこれまでの半生で、そのような役割を果たしたことがなかった。私は、いつだって腰が定まらず、流れに任せ、人のあとについて歩んできた。いまも自分がリーダーなんてとんでもない、という気分だった」（同書より）

安易な楽観主義や、期待を過度に高めることは死につながると彼は理解していました。同時に、仲間もすでに極限状態だったことで、強権的なリーダーになろうとはせず、協調的に接しながら相手に動いてもらうことを心がけます。

「出発予定日が近づいてくるにつれ、私たち派遣隊の士気は上がり、任務成功への期待が高まっていった。だが、私はそういう見方に与《くみ》しなかった」

「『あんまり楽観的にならないほうがいい』私は言った。『グスタボが言ったことを、覚えているだろう――斜面の高みから見ると、フェアチャイルド機は、氷河上のちっぽけな点だったと』」（ともに同書より）

彼は一貫して仲間の淡い期待を退《しりぞ》け、自分自身も安易な楽観主義に陥るのを懸命に防ぎました。「あと少しで助かる！」と思い込めば、現実がその期待を打ち砕いたとき、自分の心も死に引き寄せられてしまうからです。

ナンドは、相手がこちらの意見を否定すると、「それなら、私たちはどうしたらいいのか？」と率直に聞きました。このような会話からも、ナンドが相手に思いつかせる形で人を動かすことを狙っていることが見えます。

彼は仲間の期待にも、色よい返事を一切しませんでした。自らの心を楽観主義の罠《わな》に落とさず、歩き続けることだけを貫徹し、ついに村に辿り着いて救助を求めることに成功したのです。

●安易な楽観主義者ほど、苦難のときには早く死ぬ

ナンドは、自著の中でも一貫して自分は典型的なリーダーではなかったことを描いています。では、ナンドのリーダーシップはどんなものだったのでしょうか。

【ナンドのリーダーシップ】

○八方塞《ふさ》がりの中で絶望せず、打開策として新たな目標を掲げた
○相手に思いつかせるように会話して、相手を目標と一体化させた
○安易な期待を持たせず、落胆により絶命するのを防いだ
○ただ一つ、目的地に向かって歩み続けることに集中した

「安易な楽観主義者が苦難では早く死ぬ」とナンドは言っています。厳しい指摘ですが、現実は私たちの期待通りに動かないことも多く、空想の世界よりも冷徹な現実に合わせる精神を持つ者のほうが、生き残る力を失わずに済むのです。

ナンドは、「他力つまり、救助隊が来ることを祈り続ける」愚かさを悟っていました。だからこそ自らの力で脱出口を切り拓《ひら》き、黙々とひたすら行動し続けたのです。

極限の状況に打ち勝つリーダーシップは、このような行動ができる人のものなのです。

ナンド・パラード

遭難した45名のうち、生還した16名の一人。この事故で母と妹を失った。食料が尽きかけ、自力脱出を敢行した二人のうちの一人。のちに『アンデスの奇蹟』を書いた。

30 『アムンセンとスコット』（本多勝一）

生死をわけた目標への導き方

未知の領域へ探検するとき、リーダーはどのような役割を担うのか。リーダーの資質や能力の違いが、集団にどんな悲喜をもたらすのか。世紀の大レースからわかること。

もう一つの極寒、南極点を目指す世紀のレース

20世紀の初め、世界の注目を集めたレースがありました。南極点への到達です。北極点は、アメリカのロバート・ピアリーが１９０９年に到達したとされています。残る未踏の極点は南極。１９１０年６月から始まる２つの遠征隊の競争は、世界中の注目と、母国の国民の期待を一身に背負った勝負となりました。

栄光を争った２つの国は、ノルウェーとイギリス。リーダーは探検家ロアール・アムン

センとイギリス海軍の士官ロバート・スコットです。スコットは南極探検で、すでに名を馳せていました。

アムンセンは1872年生まれ、スコットは1868年生まれです。この二人は対照的な人生を歩んできました。アムンセンは15歳の頃、イギリスのフランクリンという冒険家の探検記を読み、密《ひそ》かに冒険家になる目標を打ち立てます。

10代の後半からスキーの訓練を始め、いつか旅立つ極地の寒さに耐えるため、真冬でも寝室の窓を開けていたほどでした。

21歳の時に母が亡くなり、アムンセンは本格的に冒険家への道を進むため、大学を退学。兵役の入隊検査をしたときには、彼の鍛えられた肉体に軍医が驚いて、視力検査を忘れたために入隊できたという逸話も残されています（彼は近視だった）。

一方のスコットの少年期からの夢は、海軍の提督になることでした。13歳の頃に水兵を目指して、19歳で水雷技師になるため訓練部隊に入ります。

イギリスはそれまで世界の極地探検をリードする存在であり、海軍艦艇を使った探検では海軍士官がリーダーになる伝統がありました。

極地探検は、アムンセンには少年期からの夢であり、スコットには海軍士官として果たすべき責務でした。この違いは、二人の勇敢な挑戦に大きな違いをもたらすことになっていきます。

●極限の中ほど、リーダーの力量が成否を分ける

兵役を終えたアムンセンは、船長の資格をとる準備を始めます。あらゆる極地探検の本を読みふけった結果、船長と隊長が別の人間の場合、隊が二人の指揮者を持つことになり、多くの探検隊で内部に不和が起きていたことに気づいたからでした。

「隊長が同時に船長であれば、この問題は解決することになる。すべてを極地にうちこんだアムンセンらしい、まことに用意周到な人生設計といえよう」（『アムンセンとスコット』朝日新聞社より）

彼は1897年に南氷洋への航海に出ますが、越冬の準備のない船で13カ月も氷に閉じ込められました。船には防寒具も長期の食料もなく、船員のうち2人が発狂、3人が壊血病で死亡します。

生肉を食べることで、壊血病が防げると知っていたアムンセンは、このとき、隊を救う活躍をします（船長は迷信のため、生肉を食べることを禁じていた）。

1893年にはノルウェーのナンセンという探検家が、北極海横断に成功しました。ナンセンは特殊な形状をしたフラム号という船を考案。フラム号は、氷に閉じ込められても、船底がなべ底のようになっているため氷の上に持ち上げられ、壊れないようになっていました。

アムンセンはこの先輩探検家を深く尊敬し、アドバイスを求めます。南極点への遠征では、ナンセンからフラム号を借り受けて航海を進めました（これはのちに極めて重要な意味を持った）。

スコットも1901年に最初の南極探検に出港。しかし、南極を目指す過程でソリを引く犬が次々と病気になり、3カ月間で全滅します。航海中に餌が傷《いた》んだためだったのですが、「犬は役に立たない」という誤った認識をスコットが持つ遠因となりました。

このときは壊血病にも悩まされ、同行した探検家シャクルトンは壊血病で血を吐いて先に帰国。しかし彼らは苦労の末、その時点での最南到達記録を打ち立てます。

芯からの冒険家、アムンセンの優れたリーダーシップ

航海から南極点到達までの旅で、2つの遠征隊の準備を比較してみます。

【アムンセンの事前準備】

○北極海横断に成功した、先輩探検家ナンセンに助言を乞う
○極地向けに考案されたフラム号の利用
○南極大陸での移動に犬を最大限重視した
○極点踏破のための食料貯蔵基地を充実させた
○スコットよりも南極点に100キロ近い位置に基地を建設

【スコットの事前準備】

○もと捕鯨船のテラノバ号の利用（暴風圏に弱く「地獄の海」となった）
○馬と動力ソリを重視した（これが失敗につながった）
○不十分な食料（見積もりを誤っていた。スケジュールの遅れも不足に拍車をかけた）

アムンセンは、安定していないと考えられていた氷原に最初の基地を建設しました。その場所はスコット隊より100キロも極点に近く、同時にアムンセンは多くの資料からその地の地盤が安定していると確信を抱いていました。

「アムンセンは、常識と考えられていたことに疑問を抱いて調べなおすという真に科学的な態度によって、この新しいコースの大きな利点を机上の研究だけで予知したのだ」（同書より）

さらにアムンセンは犬の極地での機動力を最大限見抜いており、船上でも犬のケアを徹底します。前線基地としての食料貯蔵庫を作る行程では、犬が多くあまりにも元気なため、人間がソリの上で寝そべって進むことが何度もあったほどです。

その上、生肉確保のためアザラシ狩りをしていたので、犬も含めて食料は十二分でした。

一方のスコット隊は、動力ソリが寒さとエンジン不調で、たった10日ほどで全滅。馬も次々に倒れて、初期段階から人間の力で荷物を運搬することになりました。

アムンセン隊は、少ない荷物を積んだソリを多くの犬で引かせて、1日27キロから40キロ、荷物がカラに近いときは100キロ近くを走破しました。これは人間には不可能な機動力です。スコットは最初の南極探検での「犬が使えなかった」という個人的な経験を引きずり続けて多面的な検討をせず、隊員に地獄の氷上行軍を強いることになりました。

スコット隊全滅の悲劇を生んだ、リーダーの無知

『アムンセンとスコット』の著者、本多勝一氏は、スコット隊に「無知」という言葉を何度か使っています。用意した食料が実際の必要量より少なかったこと、犬では大氷河を突破できないという思い込みがあったことなど、スコットには、アムンセンが持っていた成功に必要な知識がなかった、との指摘です。

1911年12月14日、アムンセン隊はついに南極点に到達。人類史上初めての栄冠を手にします。3日間付近に滞在して、17日には帰路に向かいます。

一方のスコット隊も、1912年1月17日に南極点に到達。しかし苦難の末に着いた極点で、アムンセン隊の立てたノルウェー国旗を見て絶望します。

17日のスコットの日記には「極点」と書かれ、「そう。だが期待とはまるで違った状況

のもとにだ。……何ということか！　ここは恐ろしい土地だ」（同書より）とも述べられていました。限界を超える精神力で極寒の氷原を歩き続けた結果が、惨めな敗北だったからです。

1月25日にはアムンセン隊は、前線基地（フラムハイム）に戻ることに成功。帰路は荷物を軽くでき、食料も途中に作った貯蔵庫に豊富にあったため、人間も犬も快適に進むことができました。

スコット隊は帰り道、隊員の一人エバンズが壊血病で歩けなくなりました。さらに途中の物資貯蔵庫では燃料不足に悩みます。ブリキ缶の口金《くちがね》の不具合で、燃料が揮発して減ってしまっていたのです（試験不足だったようです）。

エバンズがまず壊血病と手の凍傷で亡くなり、次にオーツ隊員が足の凍傷で動けなくなります。オーツはみんなの足手まといになることを避けるため、寒さの厳しい夜にテントを出て自ら死を選びました。

残り3名になったスコット隊は、懸命に次の食料貯蔵地を目指します。しかしあと20キロという場所で、猛吹雪で動けなくなり、飢えと寒さによりウィルソン、バワーズが亡くなり、3月29日に最後の日記を書いたスコットもついに死亡します。

極点を踏破したイギリスのスコット隊は、全滅してしまったのです。

二人のリーダーを、栄光と悲劇に導いた要素とは？

未知のゴールを目指すとき、リーダーには一体何が求められるのでしょうか。二人の探検家の姿から、何が必要かが見えてきます。

①執念深く、徹底的に分析する

第1に、アムンセンは極地探検に関するあらゆる資料に目を通して、成功に必要なことを執念深く分析しています。アムンセン隊が、海をフラム号で無事に通過できたのは、事前の研究で東経175度から180度が最も通りやすいことを知っていたからでした。

②目標志向を持つ

第2に、精神論に偏《かたよ》ることなく、目標を達成するために何が必要かを考えることです。2つの遠征隊のどちらがより努力奮闘をしたかといえば、それはスコット隊のほうです。「無知」が招いた苦難とはいえ、スコット隊はその苦難の中で超人的とも言える精神力を発揮し、スコットを含めた選抜隊は死を迎える直前まで、厳寒の地で人間の限界を超える努力と奮闘をしました。

しかし南極点を先に制覇したのはアムンセンでした。それは、人間をどれほど疲れさせずに「極点の近くまで」快適に輸送するかという目標志向によって、達成されたのです。

③成功者に学ぶ

第3は、アムンセンが成功者からアドバイスと支援を得ていることです。南極と北極の違いはありますが、アムンセンはノルウェーの先輩探検家であるナンセンの助言と、フラム号という新構造の船を使うことができました。一方のスコット隊には、極地経験のあまりない隊員もいたほどです。結果的に手探りで進める部分が多くなってしまったのです。

アムンセンは少年期から熱望した極地探検を目指し、あらゆる資料に目を通して勝負に臨みました。一方のスコットは海軍軍人としての強い責任感で極地に挑《いど》みましたが、成功への探求心という点で、アムンセンとは天と地の差があったのです。

リーダーが目標達成のための知識獲得に、限りなく貪欲《どんよく》か。部下にむやみに努力を要求していないか。成功に何が必要かを謙虚に洞察しているか。これらが2つの遠征隊に栄光

■アムンセンとスコットに見るリーダーの違い

リーダーの無知は失敗を招く

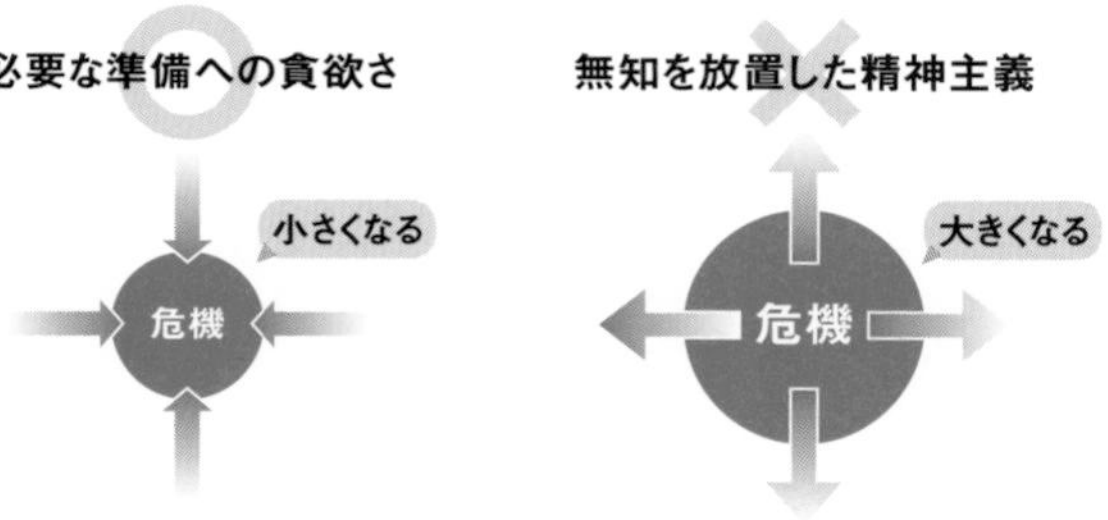
必要な準備への貪欲さ
小さくなる
危機
無知を放置した精神主義
大きくなる
危機

・リーダーの力量が、問題が小さくなるか膨張するかを決める
・極限の中ほど、リーダーの力量が目標達成の成否を左右する

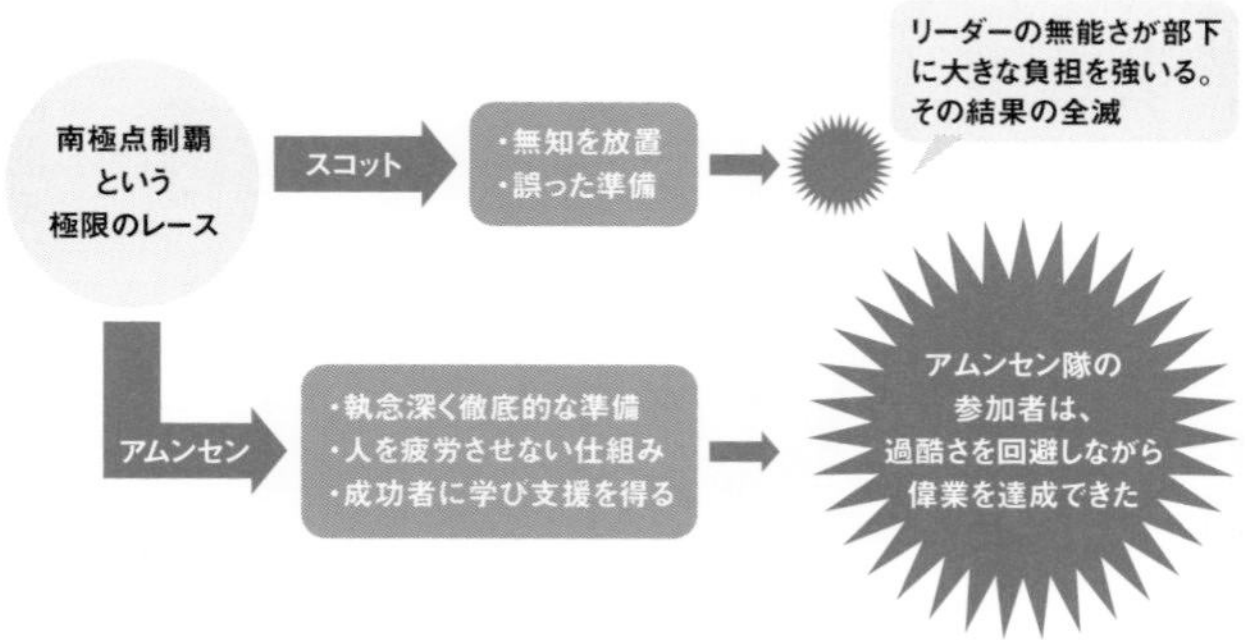
南極点制覇
という
極限のレース
スコット
・無知を放置
・誤った準備
リーダーの無能さが部下
に大きな負担を強いる。
その結果の全滅
アムンセン
・執念深く徹底的な準備
・人を疲労させない仕組み
・成功者に学び支援を得る
アムンセン隊の
参加者は、
過酷さを回避しながら
偉業を達成できた

リーダーの過度の精神主義は、部下に無駄な疲労や努力を要求する。
アムンセンは、隊員をできるだけ疲労させずに極点に近づく仕組みを考案し、
スコット隊は、地獄の航海と氷原で、人間の限界を超える努力を必要とした。

と悲劇のどちらが与えられるかを、決定したのです。

ロアール・アムンセン
1872年、ノルウェー生まれ。青年期から探検家になることを決意して、肉体を鍛え、様々な知識を学ぶ。1911年12月に人類初の南極点到達を成し遂げた。

本多勝一
1932年生まれ。作家、ジャーナリスト、元朝日新聞編集委員。

おわりに

人類3000年の歴史から、リーダーシップを学ぶとき、そこには、組織の直面する問題を探し当て、果敢に突破する人々の姿がありました。

直面する困難の姿が変わるとき、リーダーには既存の役割を超えた力が求められます。そのとき必要なのは、歴史的視野を元にした想像力です。

自分が所属する集団が生き残るため、苦境を逆転するため、何が必要なのか。刻々と変わっていく問題の姿を正確に捉《とら》え、それを打倒する戦略を練る。リーダーは逆境に耐え、考察を巡らし、歴史を振り返り、そして行動していく。

彼らの物語から学ぶべき、最も重要なことはなんでしょうか。

本書は、「突破口は私が創り上げる」というリーダーの自己認識だと考えます。現状を変革し、より優れた未来を集団に生み出すことがリーダーの役割だからです。

繰り返し語られているように、リーダーほど集団に影響力のある立場はありません。リーダーの視野の広さ、歴史を元にした多面的な対応力が飛躍か衰退かを決めるのです。

あなたはリーダーとして何を成し遂げて、人生を全うしたいのか

よく指摘されるように、正解はどの時代でも同じではありません。時代だけでなく、組織の状態によっても正解はさまざまに変わります。

リーダーは未来への突破口を見つけるため、広い診断力が求められます。どんな問題が解決されることで、一番大きな効果を発揮するか見極めるのです。

・何が一番大きな問題なのか
・何を解決すると、最も大きな効果があるのか
・どうすれば私たちの未来が繁栄するのか

いずれも、リーダーが今、まさに診断を下すべき重要な質問です。

各々の組織で、この問題の把握と診断はリーダーにゆだねられています。

したがって、リーダーの判断が組織の対応を決め、解決策を決めるのです。邁進《まいしん》するか、慎重にいくか、守りを固めるか、攻撃に出るか。すべてリーダーの決断です。

前任者から引き継いだ仕事とその方針を、頑《かたく》なに守って真面目に取り組むことだけが、

リーダーの成功ではなくなりました。それを超えること、時代に応じて変えることがいま期待されています。

多難の時代ほど、リーダーの優劣は組織の運命を左右します。困難が多いほど、あなたの優れたリーダーシップの輝きは増していくのです。

使命を掲げて完遂せよ、そのために勇気を振り絞れ

本書では「優れたリーダーシップは、どんな機能を発揮したか」を考察しました。リーダーシップとは、集団を生き残らせ、繁栄させる力そのものだと考えられるからです。また、リーダーシップとは机上の空論ではなく、能動的に実践されるべきものだと思われるからです。

『アンデスの奇蹟』のように、極限の雪山に放り出されることはまずないでしょう。あなたと会社のチームが、南極点制覇のレースに参加することもあり得ません。ですから、皆さんの直面する状況はアンデスや南極のそれとは違うものに見えるかもしれません。

しかし、問題解決の本質には、どのような場面でも必ず共通点があるものです。組織も人も、困難を乗り越えて生き残る必要があるからです。

リーダーの自己研鑽も同様です。

あらゆる時代に重要視されてきた精神力と自省力は、現代のリーダーにとっても大きな武器です。同時多発的に課題が起こり、さまざまな混乱の中でビジネスの飛躍を成し遂げるには、今後も、リーダーの冷静な情熱と自らを客観視する能力が不可欠だからです。

日本も世界も、ますます多くの優れたリーダーを必要としています。

皆さんがリーダーシップを向上させれば、個人的なキャリアも必ず飛躍するでしょう。

今この瞬間も、日本の未来にも、リーダーはまさに必要とされているからです。

未来を切り拓《ひら》くリーダーのために、歴史から偉大なリーダーシップを分析した本書は、困難な時代を切り拓き、新たな時代を創る皆さんの勝利の力となると信じています。

本書が、リーダーである皆さんの「頼れる武器」となることを心から祈っています。

二〇二三年六月

鈴木博毅

本書は、２０１７年６月にＰＨＰ研究所より刊行された『３０００年の英知に学ぶリーダーの教科書』を文庫化にあたって改題し、加筆・再構成したものです。

日経ビジネス人文庫

30の名著《めいちょ》とたどる リーダー論《ろん》の3000年史《ねんし》

2023年8月1日　第1刷発行

著者
鈴木博毅
すずき・ひろき

発行者
國分正哉

発行
株式会社日経BP
日本経済新聞出版

発売
株式会社日経BPマーケティング
〒105-8308 東京都港区虎ノ門4-3-12

ブックデザイン
鈴木成一デザイン室

ニマユマ

本文DTP
朝日メディアインターナショナル

印刷・製本
中央精版印刷

Printed in Japan　ISBN978-4-296-11744-4